어린이를 위한
절제

스스로  이겨 내는 힘

어린이를 위한
절제

글 황의성　그림 양은아

위즈덤하우스

| 추천의 글 |

넘치는 것보다
모자라서 애태우던 때가 그립습니다

'지나치면 차라리 모자란 것보다 못하다'라는 격언이 있습니다. 욕심이 과하면 얻는 것보다 잃는 것이 더 많다는 뜻입니다. 누구나 그 뜻을 잘 알고 있으며 실제로 욕심이 지나쳐 일을 그르쳐 본 경험이 한두 번은 있을 것입니다. 하지만 사람들은 처음부터 그런 일이 자신에게 일어날 거라고 생각하지는 않습니다.

세상은 늘 사람의 편안함을 위해 발전합니다. 그러나 더 안락하고 더 많은 것을 가지려 하다 보니 과욕을 부립니다. 물론 요즘 같은 경쟁 사회에서 참는 것이 미덕은 아닙니다. 하지만 절제할 때와 욕심낼 때를 구분할 수는 있어야 한다고 생각합니다.

어느 부모도 내 아이가 참을성 없고 성급하게 행동하며 절제하지 못하는 것을 바라지는 않습니다. 하지만 많은 부모들이 어떻게 절제하는 법을 가르쳐야 하는지 잘 모르고 있습니다. 부모와 아이들은 서로 거울과도 같은 존재라서 모든 것을 따라 배우기 마련이므로 가정에서 모범을 보이는 것이 가장 중요합니다.

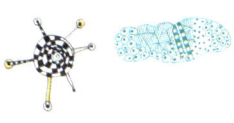

    제가 초등학교와 중학교를 다니던 시절은 늘 모자라던 때였고 가족들 하루 세끼 먹이는 것과 아이들을 학교에 제대로 보내는 것이 부모님들의 가장 큰 삶의 목표였습니다. 참고 아끼는 것이 당연한 것이었기에 절제는 생활의 일부분이었습니다. 그리고 절제하는 가운데 더 나은 삶을 위한 높은 목표를 두었고, 그것을 이루기 위해 노력할 수 있었습니다.

    이 책에서 말하는 절제의 미덕을 소중히 따라가며 루시엘라의 절제 나침반 바늘이 늘 위로 향할 수 있게 실천해 보길 바랍니다.

    자신에 대한 절제는 나의 꿈을 이루어지게 하고, 남에 대한 배려는 내가 사는 세상을 아름답게 만듭니다.

오은영(소아 청소년 정신과 전문의)

| 차 례 |

추천의 글 넘치는 것보다 모자라서
애태우던 때가 그립습니다 _ 4

작가의 글 오늘의 꿈은
내일의 여러분을 만듭니다 _ 190

PART 1
유혹은. 늘..
달콤하게. 다가온다..

새로운 친구, 작은 마녀 루시엘라 _ 10
브레이크 없이 신나는 나날 _ 23
게임의 숨소리에 사로잡히다 _ 43

PART 2
자신감이. 넘칠 때..
위기는. 모습을 드러낸다..

위기일발! 미래의 영화감독 _ 62
절제하지 못하는 것이 문제의 시작이야 _ 73
어른들도 모두 꿈 많은 어린이였다 _ 88

PART 3
먼저.
목표를 세우고. 출발하자..

나를 지켜 주는 절제 나침반 _ 108
지나친 것이 모자란 것보다 못하다 _ 121
참는 것도 달콤한 거야 _ 134

PART 4
꿈을. 이루어 주는..
절제의. 힘..

시간은 기다려 주지 않는다 _ 150
절제는 이웃의 마음을 돌보게 한다 _ 164
오늘의 꿈이 내일의 우리를 만든다 _ 176

스스로 이겨 내는 힘_절제

PART 1

유혹은. 늘..
달콤하게. 다가온다..

나쁜 일로 이끄는 유혹은 늘 달콤합니다. 비만의 원인이 되는 음식, 게으름의 출발점인 늦잠, 시간을 훔쳐 가는 컴퓨터 게임의 재미를 여러분도 경험했을 것입니다. 편안한 친구처럼 다가오는 나쁜 유혹을 이기는 힘은 바로 절제입니다.

새로운 친구, 작은 마녀 루시엘라

한슬아, 성적표를 돌려주면 내가 자주 놀러 와서 네 친구도 되어 주고 재미난 것도 많이 보여 줄게.

"앗싸!"

한슬이는 주먹으로 빈 하늘을 올려 치며 크게 소리쳤다. 선물 뽑기 오락기에서 인형을 뽑았던 것이다. 그것도 시시한 헝겊 인형이 아니라 처음부터 눈독을 들이고 있던 멋진 캐릭터 인형이었다.

찬찬히 살펴보니 짧은 머리의 매력적인 여자 아이 인형이었다. 여자 아이는 검은색과 흰색이 어우러진 체크무늬 원피스 차림이었다. 머리 위에는 그믐달 모양의 장식이 반짝였고, 무릎 위에는

어린이를 위한 절제

묘하게 생긴 기타가 놓여 있었다.

마음에 드는 인형을 뽑아 즐거운 마음으로 집으로 돌아가려던 한슬이는 순간 멈칫했다. 인형을 뽑았던 오락기 아래쪽 구멍에 무엇인가가 보였던 것이다. 인형을 꺼낼 때는 분명 아무것도 없었는데……. 이상하다고 생각하며 주워 보니 약간 두툼한 노트였다. 가죽처럼 보드랍고 탄력이 있었다.

'이게 뭐지?'

묘한 그림이 그려져 있었는데, 서울작은마녀학교 5학년 포도반 루시엘라의 1학기 성적표였다.

'작은마녀학교? 서울에 그런 학교가 있을 리는 없을 테고, 혹시 새로 나온 게임을 알리는 것이 아닐까?'

게임에 관한 것이라면 무엇이든 관심을 보이는 한슬이는 성적표를 펼쳐 안에 적힌 내용을 자세히 살펴보았다. 학교에서 받는 생활 통지표처럼 여러 개의 네모 칸 안에 출석과 결석, 신체 발달 사항, 교과 발달 상황 등이 빼곡히 적혀 있었다. 그리고 아래쪽에는 교장과 담임, 학부모의 도장을 받는 확인란이 있었다. 국어, 수학, 사회, 자연 등의 과목명 대신 마율법, 마족사, 독심술, 유혹술 등 알 수 없는 교과목들이 적혀 있었다.

종합 의견란에는 과목별로 담임선생님의 평가가 빼곡히 쓰여

 어린이를 위한 절제

있었다. 예를 들어 '독심술'란에는 '인간 어린이의 눈빛과 표정을 보고 속마음을 읽어 내어 거기에 맞게 대응할 수 있습니다'라고 평가되어 있었다. 그런가 하면 맨 아래의 특기 사항 칸에는 '컴퓨터를 잘 다룹니다'라고 적혀 있었다. 평가 내용이 마치 자기 이야기를 하는 것 같아 한슬이는 웃음이 픽 나왔다. 하지만 아무리 들여다봐도 새로운 게임과 연관 지을 만한 내용은 없었다.

한슬이는 이 노트를 '성적표를 닮은 괴문서'라고 이름 붙이고는 캐릭터 인형과 함께 가방에 넣고 집으로 향했다.

한슬이는 집에 오자마자 가방을 방바닥에 내팽개쳐 놓고, 오는 길에 산 햄버거 세트 봉지를 들고 곧장 컴퓨터 앞에 앉았다. 그러고는 요즘 한창 재미를 붙이고 있는 온라인 게임에 로그인했다.

'히힛, 피시방이 따로 없네! 잔소리꾼 엄마가 없다는 게 이렇게 즐거울 줄이야!'

엄마가 있었다면 햄버거와 게임은 어림 반 푼어치도 없는 일이었다. 집에 오자마자 손 씻고 숙제를 마치고 문제집을 푸느라 정신없이 보냈을 것이다. 오늘은 편찮으신 외할머니를 돌봐 드리러 엄마가 갑자기 미국으로 떠난 지 일주일째 되는 날이었다.

잠시 후, 한슬이는 같은 반 친구인 필구와 온라인상에서 한편이 되어 치열한 접전을 벌인 끝에 적군에게 아슬아슬한 승리를 거두었다.

"최고다. 무적의 필구 장군!"

대화 창을 통해 승리의 기쁨을 나누며 다음 전투 상대를 고르려는 참인데, 필구에게서 다급한 메시지가 왔다.

'한슬 장군, 나 지금 엄마가 와서 숙제 해야 하거든. 낼 학교서 보자.'

대답을 기다릴 겨를도 없다는 듯 필구는 바쁘게 로그아웃했다.

"이필구! 학교 갔다 오자마자 또 컴퓨터냐!"

필구 엄마의 카랑카랑한 목소리가 한슬이의 귀에까지 들리는 것 같았다.

"뭐야, 한창 신나던 참인데."

한슬이는 아쉬움을 달래며 의자에서 내려와 방바닥에 벌렁 드러누웠다. 머리맡에 아무렇게나 내팽개쳐 놓은 가방이 보였다. 보조 주머니 밖으로 오락기에서 뽑은 캐릭터 인형이 삐죽 고개를 내밀고 있었다. 게임에 정신이 팔려 깜박 잊고 있었던 것이다.

'아 참! 이게 있었지.'

한슬이는 벌떡 일어나 인형을 꺼내 들었다. 다시 보아도 잘 만든 인형이었다. 살아 있는 것처럼 생생하고 친근하게 느껴졌다.

모니터 위에 앉혀 놓고 보니 맞춘 듯이 어울렸다. 문득 이름을 지어 주어야겠다는 생각이 들었다. 그리고 그와 동시에 선물 뽑기 오락기에서 인형을 뽑았을 때 챙겼던 '성적표를 닮은 괴문서'가 떠올랐다. 그 괴문서에는 '루시엘라'라는 이름이 쓰여 있었다.

"안녕, 루시엘라!"

이렇게 불러 보니 더할 수 없이 어울리는 이름이었다. 루시엘라는 한슬이를 내려다보며 도도한 미소로 인사를 받았다. 문득 괴문서 표지 뒷면에 있는 영어 문구가 한슬이의 눈에 들어왔다.

www.luciella.co.kr

서울작은마녀학교의 홈페이지 주소처럼 적어 놓았지만, 어쩌면 새로 생긴 온라인 게임 사이트일지도 모른다고 생각하며 한슬이는 웹 브라우저 입력 창에 주소를 쳐 넣었다.

그런데 엔터 키에서 손가락을 떼기 무섭게 모니터 화면이 새까맣게 바뀌더니 번개가 번쩍거리면서 여자 아이의 날카로운 목소리가 튀어나왔다.

"박한슬! 박한슬! 박한슬! 내 성적표 내놔! 빨리! 아빠 사인

받아서 학교에 내야 한단 말이야!"

한슬이는 너무 놀란 나머지 의자에서 바닥으로 미끄러졌다.

"야! 박한슬, 사내 녀석이 그렇게 겁이 많아서 쓰겠냐!"

정신을 가다듬고 다시 일어나 보니 여자 아이 하나가 모니터 속에서 한슬이를 똑바로 바라보고 있었다. 새로 나온 게임의 주인공 캐릭터인 것 같은데, 정말 실감 나게 잘 만든 애니메이션이었다.

"이봐, 파랑초등학교 5학년 박한슬, 난 게임 캐릭터 아니거든."

한슬이의 속마음을 읽기라도 하듯 모니터 속의 여자 아이가 소리쳤다.

"어떻게 내 이름이 한슬이인 걸 알았지?"

한슬이는 자기도 모르게 마치 살아 있는 사람에게 말하듯 모니터에 대고 물었다. 사이트 주소만 입력했을 뿐 회원에 가입하지도 않았고 로그인을 하지도 않았기 때문이었다.

"아직도 내가 게임 캐릭터로밖에 안 보이는 거야? 그렇다면 네가 지금 햄버거 먹다가 놀라서 떨어뜨렸다는 걸 내가 어떻게 알겠니? 눈에 보이는 것만 아는 게 아냐. 너 요즘 미연이 좋아하지? 난 네 속마음도 다 읽을 수 있단 말이야."

어린이를 위한 절제

맞는 말이었다. 한슬이는 내년 밸런타인데이에는 같은 반 미연이에게 초콜릿을 받는 유일한 남자가 되어 다른 애들의 부러움을 한 몸에 받겠다는 목표를 정해 놓은 터였다.

'필구한테도 말한 적이 없는 비밀인데, 이 아이는 도대체 누구지?'

한슬이는 정신을 가다듬었다.

"누구긴 누구야. 너도 이미 내 이름을 알고 있잖아. 서울작은마녀학교 5학년 루시엘라가 바로 나야."

아무 말도 하지 않았는데 여자 아이는 한슬이의 속마음을 척척 읽고 곧바로 대답했다. 한슬이는 순간 몸이 오싹했다.

"겁먹을 것 없어, 박한슬! 난 잃어버린 성적표만 찾으면 되니까."

자세히 살펴보니 화면 속의 루시엘라는 한슬이가 방금 모니터 위에 앉혀 놓은 인형이랑 똑같았다.

"네가 정말 작은 마녀라고! 세상에, 정말로 그런 게 있단 말이야?"

"지금 직접 만나고 있으면서도 그런 말을 하니?"

한슬이가 알고 있는 마녀는 마귀할멈뿐이었다. 펄펄 끓는 두꺼비 기름에다 박쥐의 피를 섞는, 매부리코에 턱이 뾰족한 마귀할

멈의 얼굴이 바로 떠올랐다.

"얘가 무슨 돌도끼로 공룡 고기 다듬던 시절 이야기를 하고 있는 거야. 그런 구식 마녀들이 사라진 게 언젠데."

루시엘라가 어처구니없다는 듯 웃으면서 핀잔을 줬다. 그러더니 유치원생들에게 덧셈을 가르쳐 주는 선생님처럼 자상하게 말했다.

"어렵게 생각하지 말고 해리 포터나 헤르미온느를 생각해 봐. 그럼 쉽게 이해될 거야."

순간 한슬이의 머릿속에 영화 속에서 수없이 보았던 호그워트 마법 학교를 배경으로 한 해리 포터와 친구들의 모습이 선명히 그려졌다.

"뭐야. 그럼 마법 학교가 있다는 말이야? 우리나라에?"

한슬이는 모니터 속으로 들어가기라도 할 듯 바짝 다가가며 소리쳤다. 그러자 그 서슬에 놀란 듯 루시엘라가 뒤로 쑥 물러났다.

그런데 신기하게도 평평한 모니터 화면 위에서 모습이 작아진 것이 아니라 그 속에 펼쳐진 깊숙한 세상으로 멀어진 것이었다.

 한슬이가 빠르게 뒤로 물러나는 루시엘라를 따라 시선을 옮기는 순간, 넓고 새로운 세상이 모니터 속에 나타났다. 그리고 그 세상의 허공 저만치에 루시엘라가 서 있었다. 이번에는 한슬이가 마치 모니터 속에 빠질 것만 같은 현기증에 깜짝 놀라 급히 뒤로 물러섰다.

 "그렇게 갑자기 다가오는 법이 어디 있어! 깜짝 놀랐잖아."

 루시엘라가 모니터 속에서 얼굴을 찌푸리며 쏘아붙였다.

 "사람은 세상에 없는 것을 상상할 수 없어. 반대로 말하면, 사람이 상상하는 것은 세상 어디엔가는 다 있다는 말이지. 혹 지금은 없더라도 과거 어느 때에 존재했거나 미래의 어느 날에 존재한다는 거야."

한슬이는 코에 주름을 만들며 이해가 되지 않는다는 표정을 지었지만 루시엘라는 모니터 위를 활보하며 거침없이 이야기를 이어 갔다.

"마찬가지로, 엄격히 말하면 세상에 발명이란 없는 거야. 단지 발견만 있을 뿐이지."

한슬이는 더욱더 어리둥절했다.

"그럼 발명왕 에디슨이 한 일은 뭐가 되는데?"

한슬이는 억지 부리지 말라는 투로 덤비듯 물었다.

"전기는 옛날부터 있었는데 나중에 그 쓰임새를 발견했을 뿐이야. 유리 호롱에 가스를 채우고 전기를 통하게 하면 빛을 낸다는 진리는 세상이 생길 때부터 있었던 거야."

한슬이는 뭔가 알 듯 말 듯한 느낌이 들었다.

"먼 옛날 쇠똥구리 두 마리가 쇠똥을 둥글게 말아 굴리기 시작했을 때부터 이미 짐수레도, 자동차도, 지하철도 세상에 존재한 거야. 단지 시간이 지나면서 인간이 하나씩 찾아낸 거지. 우리 마녀들도 할머니의 할머니 때는 싸리 빗자루를 타고 다녔지만, 지금은 이렇게 디지털 빗자루로 날잖아?"

한슬이가 인형을 뽑았을 때 기타라고 생각했던 것이 디지털 빗자루인 모양이었다.

"내 말이 금방 이해되거나 믿을 수는 없을 거야. 좋아. 한슬아, 성적표를 돌려주면 내가 자주 놀러 와서 네 친구도 되어 주고 재미난 것도 많이 보여 줄게."

한슬이는 너무 알쏭달쏭한 이야기를 갑자기 많이 들은 탓에 제대로 정신을 차릴 수 없었다. 하지만 루시엘라에게 왠지 호감이 가고, 만나면 재미있는 세계가 펼쳐질 것 같았다.

루시엘라의 성적표를 돌려주는 일은 간단했다. 비밀 번호 하나만 알려 주면 된다고 했다.

"무슨 비밀 번호?"

한슬이가 물었다.

"우리 아빠가 지금 내 성적표를 못 봐서 야단이셔. 뭔가 숨기고 싶은 게 있기 때문에 내가 성적표를 잃어버렸다고 거짓말하는 게 아닌가 의심하시는 눈치란 말이야."

작은마녀학교에서는 학생들에게 학기 말에 종이로 된 성적표를 나누어 준다. 학생들은 이 종이 성적표만 볼 수 있다. 학부모들을 위해서는 온라인 성적표가 따로 있다. 학생들의 생활이나 학습에 대한 보다 자세한 정보는 이 온라인 성적표로 학부모에게 직접 전달된다. 학생 본인들이 보아서는 안 되는 평가 내용이 있기 때문이다. 그런데 온라인 성적표를 열어 볼 수 있는 비밀 번호가 종이 성적표에 숨겨져 있는 것이다.

루시엘라가 알려 준 대로 성적표 뒷면 아래쪽을 동전으로 긁자 비밀 번호 네 자리 숫자가 드러났다. 비밀 번호를 알려 주자 한결 표정이 밝아진 루시엘라는 다음 날 다시 한슬이의 모니터로 놀러 오겠다고 말한 뒤 뽀로롱 사라졌다.

이렇게 해서 한슬이는 작은 마녀 루시엘라와 친구가 되었다.

브레이크 없이 신나는 나날

아빠는 늘 용돈을 넉넉히 주고 가셨기 때문에 요즘 한슬이의 주머니는 마치 명절을 갓 지났을 때처럼 언제나 두둑했다.

"우리 사나이들끼리 멋지게 한번 살아 보는 거야. 그러니까 넌 아빠만 믿으면 돼. 아빠가 안 해서 그렇지, 살림은 엄마보다 더 잘한단다. 결혼 전에 10년 가까이 자취 생활을 하지 않았겠니, 이 아빠가."

엄마가 미국으로 떠난 날 저녁, 아빠는 이렇게 말하면서 한슬이를 안심시켰다. 그리고 밥상 차리기는 아빠, 설거지는 한슬이 하는 식으로 당번을 정했다. 아빠와 장을 보러 마트에 갔을 때는 마치 캠핑 떠나는 전날처럼 설레기까지 했다. 아빠는 한슬이가 무엇을 고르든 그냥 놔두었기 때문에 좋아하는 인스턴트 음식을 마음껏 사 올 수 있었다. 엄마와 함께였다면 결코 있을 수 없는 일이었다.

'사나이들끼리의 생활'은 사흘간은 약속대로 잘 진행되었다. 아빠는 일찍 일어나서 아침을 준비한 뒤, 저녁거리도 미리 마련해 놓고 출근했다. 한슬이는 아빠가 만들어 놓은 음식을 전자레인지에 데워 혼자 저녁을 먹고 설거지를 시작했다.

막상 해 보니 설거지도 생각보다 재미있었다. 거품이 사라지면서 사기대접이 말간 얼굴을 내밀면 기분이 상쾌해졌다. 물줄기를 이 그릇 저 그릇에 쏘아 댈 때는 물장난을 하는 것처럼 신났다. 옷이고 싱크대 주위고 온통 물바다가 되는 것은 크게 신경 쓰이지 않았다.

그런데 나흘째 되는 날, 문제가 생겼다. 아침에 아빠가 밥 대신 차려 준 라면을 먹고 났을 때 아빠는 느닷없이 만 원짜리 한 장을 한슬이에게 내밀었다.

"한슬아, 미안하다. 아빠가 바빠서 오늘은 저녁 준비를 못했거든. 그러니까 이따가 피자나 자장면 시켜 먹어라. 굶지 말고 꼭 제때 먹어야 한다."

오랜만에 자장면을 먹으니 기분이 좋았다. 엄마가 있을 땐 좀처럼 갖기 힘든 기회였다. 설거지할 것도 아침에 라면 끓여 먹은 그릇 몇 개가 전부여서 마음이 가뿐했다. 그런데도 왠지 한슬이는 좀처럼 설거지에 손이 가지 않았다.

'만화 영화 끝나면 해야지.'

'딱 한 프로만 더 보고 해야지.'

머리 한구석에 설거지를 해야 한다는 생각이 맴돌았지만 금방 할 수 있다는 생각 때문에 조금씩 미루게 되었다. 그날따라 텔레비전 프로그램도 유난히 재미있었다.

'컴퓨터에서 이메일만 확인하고 설거지하지 뭐.'

'컴퓨터 켠 김에 게임 한 판은 해 줘야 안 섭섭하지.'

'딱 한 판만 더 해야지.'

아직 게임을 끝내지도 못했는데, 어느새 시간이 흘렀는지 아빠가 돌아왔다.

반갑게 들어서던 아빠의 얼굴이 갑자기 굳어졌다. 한슬이는 재빨리 아빠의 시선을 따라가 보았다. 아빠의 시선이 멈춘 곳은 아침에 먹은 그릇들이 그대로 놓여 있는 싱크대였다.

"지금 막 하려던 참이었어요."

서둘러 싱크대 쪽으로 가는 한슬이를 보더니 아빠가 굳은 얼굴

 어린이를 위한 **절제**

을 풀었다.

"놔둬라. 아빠가 저녁 준비를 못해 놓으니까 너도 설거지할 마음이 없었겠지."

그러더니 한슬이보다 앞서서 아빠가 설거지를 했다.

한 걸음 뒤로 물러서며 한슬이는 잘못했다는 생각보다 억울하다는 생각이 들었다. 하고 있던 스테이지까지만 깨고 나서 설거지를 해야겠다고 분명 생각했던 것이다.

이렇게 한번 흐트러지자, 아빠와 한슬이 사이에 맺은 약속은 빠르게 무너졌다. 회사 일로 바쁜 아빠가 엄마를 대신해 살림을 책임진다는 것은 처음부터 무리였다. 제약 회사의 영업 사원인 아빠는 엄마가 있을 때에도 회사 일로 늦는 날이 많았다. 회사에서 돌아와 피곤한 몸으로 집 안을 돌보는 것도 힘들었지만, 야근이나 피할 수 없는 술자리를 이유로 사흘에 한 번은 밤늦게 들어왔다.

자연스럽게 한슬이는 피자나 중국 음식을 배달시켜 먹는 일이 잦아졌다. 그런 한슬이를 보기 미안했던지 아빠는

늘 용돈을 넉넉히 주고 가셨기 때문에 요즘 한슬이의 주머니는 마치 명절을 갓 지났을 때처럼 언제나 두둑했다. 군것질을 마음껏 할 수 있었고, 게임 카드의 개수도 나날이 불어 갔으며, 문구점 앞의 작은 오락기도 그냥 지나치는 법이 없었다.

며칠 전에 아빠는 지금의 생활이 아무래도 문제가 있다고 여긴 듯 일하는 아주머니를 불러 살림을 맡기는 게 어떻겠냐고 물었다.
"아빠, 난 이대로가 좋아요. 내가 굶는 것도 아니고, 밤늦게 돌아다니며 나쁜 짓을 하는 것도 아니잖아요. 학원도 엄마 있을 때보다 더 꼬박꼬박 잘 가잖아요. 엄마도 금방 돌아오실 테니까 그전에 우리 대청소 한번 해요, 사나이들끼리."
한슬이는 마음대로 먹고 싶은 것을 사 먹는 재미와 언제나 두둑한 주머니를 포기할 수 없었다.
"그래. 하긴 낯선 아주머니가 집 안에 들락거리는 게 썩 내키지는 않는구나. 그 대신 아빠도 한슬이도 살림에 좀 더 신경을 쓰도록 하자."
한슬이가 강하게 반대하자 아빠도 일하는 아주머니를 부를 생각을 접었다.
"한슬이도 다 컸구나. 이제부턴 아빠와 가끔 인격적인 대화를

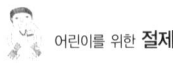

나누자. 민주적인 아빠, 친구 같은 아빠가 되어 볼 테니 한슬이도 자기 말에 책임을 져야 한다."

어른들이 보는 텔레비전 토론 프로그램에서나 들었던 것 같은 어려운 단어를 들으니 기분이 좋았다.

'민주적인 아빠, 인격적인 대화. 음, 멋진데. 미연이 앞에서 한번 써먹어 봐야겠다.'

한슬이와 아빠는 그렇게 다짐했지만 한번 풀어진 생활은 좀처럼 다시 조여지지 않았다. 게다가 아빠는 엄마처럼 한슬이의 생활에 세세하게 간섭하지 않았기 때문에 컴퓨터 게임도 밤늦도록 할 수 있었다. 심지어 지난 일요일에는 아빠와 함께 열두 시가 다 되도록 늦잠을 자기까지 했다.

매일 아침 엄마가 전화로 이것저것 챙길 때에는 어느새 습관처럼 '잘 지내니까 걱정 마세요. 저도 이제 다 컸단 말이에요'란 말로 위기를 넘기곤 했다. 정말이지 한슬이에게 자유와 풍요가 넘치는 나날이었다.

요즘 한슬이가 속한 특별 활동 컴퓨터 동아리에서는 어린이 UCC 콘테스트가 단연 최고의 화제였다. 한 어린이 신문사가 주최하는 이 콘테스트는 전국에서 지역 예선을 거친 팀들이 모두 나오기 때문에, 이 대회에서 상을 탄다면 개인은 물론 학교에도 대단한 명예가 될 수 있었다.

"그동안 컴퓨터로 동영상 제작하는 것을 많이 연습했으니 이번 UCC 콘테스트는 우리 학교 컴퓨터반으로서도 놓칠 수 없는 기회다. 우리의 실력을 한번 제대로 보여 주자."

대회 참가를 발표하며 선생님이 이렇게 격려의 말을 마치자마자 필구가 물었다.

"근데 선생님, UCC가 뭐예요?"

"유저 크리에이티드 콘텐츠! 사용자 제작 콘텐츠라는 뜻이지. 우리 같은 보통 사람들이 만들어서 인터넷에 올리는 동영상을 UCC라고 하는 거야. 필구야, 알겠니?"

한슬이는 기회를 놓치지 않고 자기가 알고 있는 것을 뽐내며 슬쩍 미연이를 보았다. '한슬이, 제법 유식하네'라는 듯한 미연이의 표정이 엿보였다.

"이번 공모전 주제는 '우리들의 꿈'이다. 주의할 점은 단순히 코믹하거나 신기한 UCC가 아니라 너희들이 이야기하고 싶은 주제를 기승전결에 맞춰서 만든 동영상에 높은 점수를 준다고 한다. 아무래도 혼자서 만들기는 벅찰 테니까 세 명씩 한 팀이 되어 제대로 만들어 보도록 하자."

선생님이 주의 사항을 일러 주었다.

곧이어 함께 제작할 팀을 정하게 되었다. 단짝 친구인 한슬이와 필구는 당연히 같은 팀이 되기로 하고, 또 한 명을 구하려는데 뜻밖에 미연이가 다가와 말했다.

"한슬이는 영화감독이 꿈이니까 잘할 거야. 난 한슬이네 팀에 끼고 싶어."

미연이가 누군가. 학교에서 가장 예쁘고 똑똑해서 누구나 가까이하고 싶어 하는 여학생이 아닌가? 게다가 한슬이는 남몰래 미연이를 좋아하고 있었다. 그런 미연이가 제 발로 한슬이네 팀에 들어온 것이었다. 한슬이는 별일 아닌 척하며 미연이를 받아들였지만 속으로는 요즘 들어 기쁜 일이 계속되는 것에 쾌재를 불렀다. 옆에 있는 필구는 순진하게도 이를 드러내 놓고 히야 하고 웃었다.

팀이 만들어질 때까지는 신났지만, 막상 셋이 모여 회의를 시작하니 의견이 분분했다. '막강 UCC 팀'이라고 이름을 짓는 데까지는 별 어려움이 없었다. 문제는 UCC의 주제를 정하면서 바로 드러났다. 공모전 주제인 '우리들의 꿈'과 연관되면서도 세 명의 팀원이 모두 관심을 가질 만한 주제를 찾아내야 했다.

"초딩 영화감독의 UCC 만들기! 이거 어때? 우리가 UCC 만드는 과정을 그대로 담아내는 거야. 내 꿈이 영화감독이니까 자신 있어."

한슬이는 영화감독이란 낱말에 힘주어 말하면서 미연이의 반응을 슬쩍 살폈다.

"그건 아닌 것 같은데!"

미연이가 약간 눈살을 찌푸리며 말했다.

"어린이 탐정의 대모험! 어때 멋있지? 경찰에서 해결하지 못한 사건을 찾아서 우리가 범인을 알아내는 거야. 내가 수사를 하고, 한슬이는 촬영하고. 어때 신나겠지?"

명탐정이 장래 희망인 필구가 눈을 가늘게 뜨고 침까지 튀겨 가며 말했다.

"그건 현실성이 없잖아."

미연이의 목소리에 짜증이 섞이기 시작했다. 벌써 두 시간도 넘게 이런 식으로 주제를 정하지 못한 채 흘려보내고 있었다.

"이래서는 한도 끝도 없겠다. 박한슬, 너는 아이디어는 좋은데 너무 거창한 것만 찾으려고 해. 그리고 모든 걸 네 중심으로 생각하고. 이필구, 네 생각은 너무 만화 같아서 현실성이 없어."

 어린이를 위한 **절제**

미연이는 화를 내진 않았지만 지친 기색이 역력했다. 한슬이는 뭔가 좋은 방법을 찾아 미연이를 기쁘게 해 주고 싶었다.

"우리 친구들끼리 민주적으로 이야기를 해 보자."

얼결에 비장의 무기가 한슬이 입에서 튀어나와 버렸다. 진지한 이야기에 농담으로 대꾸하는 거냐는 듯, 미연이가 싸늘한 눈길로 한슬이를 쏘아봤다.

"여기서 아무리 이야기를 해 보았자 시간만 낭비하는 것 같다. 각자 집에서 좀 더 곰곰이 생각해 본 다음에 내일 다시 의논하자. 알겠지?"

미연이는 이렇게 결론을 내리더니 몸을 획 돌려 교실 밖으로 나갔다.

"자기는 아무 아이디어도 안 내놓으면서 내가 말만 하면 맘에 안 든다고 하네."

한슬이가 미연이가 나간 쪽을 째려보며 말했다.

"그래도 왠지 미연이가 좋다고 해야 제대로 될 것 같아. 틀린 소리는 없더라고."

미연이 마음에 드는 생각을 떠올리지 못하는 것이 원망스러운지 필구는 손으로 두어 번 자기 머리를 쥐어박으며 말했다. 첫째 날은 그렇게 팀 이름만 정하고 헤어졌다.

한슬이는 집에 돌아오자마자 피자를 주문하고는 바로 컴퓨터 앞에 앉아 버릇처럼 루시엘라의 세상에 접속했다. 약속했던 대로 루시엘라는 하루도 빼놓지 않고 한슬이를 만나러 왔다.

루시엘라의 세상은 한슬이와 루시엘라를 연결해 주는 인터넷 메신저 프로그램과 같은 것이다. 그곳에서 한슬이는 모니터 위를 활보하는 루시엘라와 마치 바로 옆에 있는 것처럼 이야기를 나눌 수 있었다. 카메라도 마이크도 없었지만 신기하게 루시엘라는 한슬이의 모습이 빤히 보이는지, 지금 손에 들고 있는 피자 조각이 맛있어 보인다고도 하고, 하늘색 티셔츠가 잘 어울린다고 말하기도 했다.

마녀들은 무슨 일이든 할 수 있는 걸까? 작은 마녀 루시엘라는 적어도 컴퓨터 안에서는 막힘이 없었다.

한번은 이런 일도 있었다. 축구 게임을 하고 있었는데, 한슬이는 내내 잘 싸우고도 경기가 끝날 무렵 어이없는 실수로 동점을 허용했다. 다 이긴 경기를 놓치는 바람에 속이 너무 상했다.

시간이라도 넉넉하면 다시 역전시킬 수 있을 텐데, 게임은 1분도 채 남지 않았다. 시간에 쫓긴 나머지 상대 골대를 향해 멀리서 슛을 날렸다. 공은 상대 팀 골키퍼 앞으로 힘없이 데굴데굴 굴러갔다. '이젠 끝났구나, 아쉽다'라고 생각하는 순간이었다.

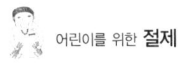

그런데 루시엘라가 갑자기 경기장 화면으로 들어가더니 골키퍼의 다리를 걸어 넘어뜨리는 것이었다. 그 바람에 공은 골대 속으로 굴러 들어갔고, 게임은 한슬이의 승리로 끝났다.

"루시엘라, 지금 뭐 하는 거야!"

한슬이는 기쁘기보다는 어이가 없어서 소리쳤다.

"미안, 미안! 너를 너무 응원하다 보니까 나도 모르게 그랬네."

루시엘라는 웃으면서 두 손을 모아 비는 시늉을 했다. 한참을 루시엘라와 함께 게임하며 놀던 한슬이는 더 늦기 전에 과학 수업 준비를 해야겠다는 생각을 했다.

"참, 나 내일 발표 때문에 뭣 좀 찾아봐야 하거든. 조금 있다 다시 놀자."

"알았어. 나도 잠깐 쉬지 뭐."

이렇게 말하면서 루시엘라는 한슬이가 모니터에 막 띄워 놓은 인터넷 창 위로 포로롱 날아올라 그 위에 걸터앉았다.

발표 과제는 갯벌에 대한 것이었다. 검색어를 뭐라고 할까 고심하다가 '갯벌에 사는 생물'이라고 검색 창에 쳐 넣고 있는데 루시엘라가 갑자기 창 가운데로 뛰어들어 오더니 지우개로 칠판 지우듯 양손으로 방금 입력한 글자들을 지웠다.

"뭐 하는 거야? 나 급하단 말이야!"

"바보야. 너처럼 인터넷에 물어보는 건 누구나 하는 거야. 필구도 벌써 한 시간 전에 너와 똑같이 인터넷에서 답을 찾아 프린트해 놓고 지금은 자고 있어. 미연이는 갯벌 전문 정보 사이트에 가서 자료 조사를 마치고, 지금은 갯벌 가상 체험을 하고 있단 말이야."

미연이라면 충분히 그러고도 남았다.

"그래? 그럼 어쩌란 말이야?"

한슬이는 미연이보다 더 멋지게 발표할 방법이 없을 거라고 체념하며 물었다.

"잠깐 기다려 봐!"

루시엘라는 화면 한가운데 서서 두 눈을 감고 교향악단의 지휘자처럼 양손을 휘저었다. 루시엘라가 손을 한 번 움직일 때마다 인터넷 창이 하나씩 화면 위에 떠올랐다. 점차 손짓이 빨라졌고 모니터에는 수백 개의 창이 열렸다. 마지막으로 큰 원을 그리며 루시엘라가 손짓을 멈추자, 그 많던 창들은 어느새 사라지고 하나의 창에 갯벌에 관한 내용이 사진과 함께 보기 좋게 정리되어 있었다.

"전 세계의 인터넷 사이트에 있는 정보 중에서 갯벌에 대한 것을 모아 초등학교 5학년에게 알맞도록 정리한 거야."

루시엘라가 말을 마쳤을 때 프린터에서는 벌써 화면 내용이 출력되고 있었다.

다음 날 과학 시간에 한슬이가 발표를 마쳤을 때는 선생님도, 반 친구들도 벌린 입을 다물지 못했다. 한슬이가 과학 시간에 자청해서 발표했다는 것만 해도 놀랄 만한 일인데, 발표 내용도 훌륭했다. 한슬이의 태도는 자신감에 넘쳐 있었다.
"무슨 갯벌 박사님 강의를 듣는 것 같아!"
필구가 큰 소리로 자기 느낌을 고백할 정도로 완벽한 발표였다. 한슬이는 알 수 없는 기운의 도움을 받은 듯한 느낌이었다. 마치 노래방에 갔을 때 모니터에 노랫말이 나오듯 발표할 내용이 머릿속에 저절로 그려졌던 것이다.
루시엘라가 있는 이상, 학교 숙제는 아무 문제가 없었다. 음악의 클라이맥스 부분에서 오케스트라 지휘자의 동작을 닮은 루시엘라의 손짓만으로 몇 분 안에 모든 것이 해결되었다.

학교 숙제보다 더 신나는 일이 있었다. 루시엘라의 세상에서는 온갖 컴퓨터 게임을 마음껏 즐길 수 있었던 것이다. 세상에 있는 모든 게임을 회원 가입도 로그인도 하지 않고, 게다가 게임 머니

브레이크 없이 신나는 나날 41

를 충전할 필요도 없이 하고 싶은 만큼 할 수 있었다.

"뭐 새로운 게임이 없을까?"

이 한마디면 게임 개발 회사 컴퓨터 안에 아직 발표되지 않은 새로운 게임까지 맛볼 수 있었다. 그러다 보니 인터넷 게임 카페에서도 한슬이는 어느새 최신 정보와 공략법에 밝은 '초딩 게임 고수'로 유명해졌다. 대학생 형들에게 한 수 알려 주며 으쓱해하는 재미도 쏠쏠했다. 학교에서 돌아오면 피자와 햄버거, 그리고 콜라를 옆에 두고 컴퓨터 게임의 세계에 묻혀 있다가 밤늦게 잠드는 나날이 이어졌다.

게임의 숨소리에 사로잡히다

전설로 전해져 오던 비밀의 책을 얻어 깊은 산속 동굴에서
무예를 단련하는 고수의 마음이 되었다.

　'막강 UCC 팀'의 동영상 제작은 좀처럼 진도를 나가지 못하고 있었다. 그날도 두 시간 넘게 회의를 했지만 각자의 의견만 오고 갈 뿐, 세 사람 모두의 맘에 드는 주제를 찾을 수 없었다. 한슬이네 팀이 우왕좌왕하는동안 다른 팀들은 이미 주제를 정하고 촬영에 들어가, 세 사람은 마음이 초조해졌다.

　"너무 신중한 거 아냐? 내일까지는 주제를 결정해야 일정에 차질이 없을 거다. 팀별로 카메라하고 편집용 컴퓨터 사용 계획도 짜야 하니까 서둘러라."

멀리서 지켜보던 선생님도 걱정스럽다는 듯 한마디 했다.

집에 돌아와 컴퓨터 앞에 앉자마자 한슬이는 믿음직한 친구 루시엘라에게 물어보았다.
"미연이를 감탄시키고, 필구를 꼼짝 못하게 할 기막힌 주제가 뭐 없을까?"
"한슬아, 넌 영화감독이 되고 싶다고 했지?"
언제나 시원시원한 성격의 루시엘라가 답을 알고 있다는 듯 바로 되물었다.
"응. 그러니까 이번에 제대로 실력을 보여 줘야 한단 말이야."
한슬이는 평소 때와 마찬가지로 햄버거 세트 봉지를 열면서 대답했다.
"영화감독이란 자기 책임하에 새로운 걸 창조하는 사람이야. 자기 작품의 주제도 제 마음대로 정하지 못한다면 그건 감독이라고 할 수 없지."
모니터 속의 루시엘라가 한슬이에게 바싹 다가오며 말했다. '작품'이라는 말에 한슬이는 UCC를 만든다는 게 이제까지 생각했던 것보다 훨씬 어렵고 중요한 일일지도 모른다는 느낌이 들었다.

"자기가 아닌 남이 하고 싶어 하는 이야깃거리를 가지고 어떻게 좋은 작품을 만들 수 있겠니?"

루시엘라의 단호한 말에 정신이 번쩍 들었다. 맞는 말이었다. 한슬이, 미연이, 필구는 저마다 하고 싶어 하는 이야기가 달랐던 것이다. 아니, 어쩌면 세 사람 모두 자신이 정말 원하는 주제가 없는지도 몰랐다.

루시엘라는 자기가 주제를 찾아봐 주겠다고 했다.

"네가 요즘 제일 좋아하는 게 뭐니?"

"그야 게임이지."

한슬이는 한 치의 망설임도 없이 대답했다.

"네가 다른 아이들보다 많이 알고 있고, 잘하는 게 뭐니?"

"게임이지."

루시엘라는 질문의 범위를 점점 좁혀 갔다.

"네가 책이든 이미지든 동영상이든 자료를 가장 많이 갖고 있는 주제가 뭐니?"

"게임!"

한슬이는 큰 소리로 대답했다.

마침내 판결을 내리는 재판장처럼 주먹 쥔 오른손으로 왼쪽 손바닥을 세 번 내려치며 루시엘라가 결론을 내렸다.

"게임에 관한 영상이라면 네가 우리나라 어린이들 중에서 제일 잘 만들 수 있어!"

한슬이의 왼손에 들려 있던 햄버거가 뭉개졌다. 루시엘라가 내린 명쾌한 결론에 한슬이가 자기도 모르게 두 주먹을 불끈 쥐었기 때문이었다.

맞는 말이었다. 한슬이는 게임에 관해서라면 누구보다 많은 이야기를 끄집어낼 자신이 있었다. 단 세 번의 질문만으로 루시엘라는 한슬이의 맘에 쏙 드는 주제를 찾아준 것이었다. 이렇게 사람의 능력을 알아보고 해답을 제시해 주는 루시엘라가 한슬이에게는 미연이보다 훨씬 현명하고 믿음직스럽게 느껴졌다.

"그런데 미연이와 필구가 게임이라는 주제에 찬성해 줄까?"

한슬이 자신은 게임을 좋아하지만 탐정 놀이에 관심이 많은 필구나, 게임에는 전혀 관심이 없는 미연이가 좋아할 까닭이 없었다.

"영화감독은 혼자서 어려운 결단을 내리는 외로운 사람이야!"

한슬이의 걱정을 루시엘라는 단 한마디로 다스렸다. 순간 눈앞에 푸른 하늘이 펼쳐지는 느낌이었다. 이제는 루시엘라가 위대해 보이기까지 했다.

'맞아. 꼭 셋이서 한 작품을 만들 필요는 없는 거야. 나 혼자 해도 충분해. 아니, 오히려 더 잘 만들 수 있어! 게다가 루시엘라

 어린이를 위한 **절제**

가 곁에 있잖아.'

 멋있는 동영상을 만들기 위해선 사사로운 정을 끊고, 스스로의 능력을 믿고 외로운 길을 홀로 걸어가야 한다는 결심이 한슬이의 가슴을 가득 채웠다. 마음의 키가 갑자기 한 뼘이나 자란 듯 느껴졌다.

 마음이 가벼워진 한슬이는 들고 있던 햄버거를 한입에 털어 넣었다. 찌부러지긴 했어도 맛은 그만이었다.

 다음 날 방과 후에 다시 모이자마자, 한슬이는 필구와 미연이에게 조금도 망설임 없이 선언했다.

 "영화 한 편을 여러 명의 감독이 같이 만드는 일은 없어. 어쩌면 우리가 만드는 것도 짧은 영화라고 할 수 있는데, 난 내 작품을 따로 만들어 볼래."

 한슬이의 말투는 어느새 루시엘라를 닮아 단호했다. 필구와 미연이는 영문을 모르겠다는 듯 한슬이의 표정을 살피며 한동안 서로의 얼굴만 쳐다보았다.

 "그러니까 너 혼자 다 하겠다는 거니?"

 미연이가 한슬이의 진심을 확인하겠다는 듯 물었다.

 "나랑 미연이는 빠지란 말이냐?"

어린이를 위한 **절제**

필구도 볼멘소리로 미연이의 질문을 거들었다.

"그게 아니라, 내가 '막강 UCC 팀'을 떠나겠다는 거야. 너희는 다른 아이를 구하든지 아님 둘이서 그냥 계속하든지 알아서 해."

"너 혹시 '짱 UCC 팀'으로 옮기려는 것 아냐?"

필구는 무슨 생각에서인지 자기가 좋아하는 여학생이 있는 팀을 들먹이며 흥분했다.

"너 혼자서 만들려고 그러는 거지?"

말없이 고개만 갸웃거리고 있던 미연이가 정곡을 찔렀다.

"그래, 난 게임에 대한 영상을 만들 거야. 너흰 보나마나 반대할 거잖아."

"게임?"

필구의 눈빛이 반짝였다.

"그럼 우리 팀 주제를 게임으로 정하면 되잖아."

필구가 해결책을 찾았다는 듯 말했다.

"그래도 나 혼자 만드는 게 좋겠어. 혼자서도 충분히 할 수 있어."

"하지만 한슬아, 선생님이 조별로 작업하라고 했잖아. 신청서도 우리 세 사람 이름으로 되어 있고."

필구가 그제야 마땅한 반론이 생각났다는 듯이 말했다. 미연이도 필구의 말에 동의하는 빛이 역력했다.

"여기 신문사의 콘테스트 포스터를 한번 봐."

한슬이는 그 정도의 반응은 예상했으므로 자신 있게 포스터의 응모 자격 안내를 가리키며 말했다.

"초등학교 재학 중인 대한민국 어린이 개인이나 단체라고 쓰여 있지? 개인이 응모해도 되는 거란 말이야. 선생님은 혼자선 어려울 테니 모여서 해 보라고 하신 거라고."

"그렇지만 한슬아……."

필구는 뭔가 주장하고 싶지만 적당한 말이 떠오르지 않는 모양이었다.

한슬이는 결정적 용기를 내야 할 순간이라고 스스로를 격려했다. 사사로운 인정 때문에 위대한 영화감독이 가야 할 길을 포기할 수는 없었다.

"여럿이 하니까 뭘 하나 정하려 해도 몇 시간씩 걸리고, 의견이 다를 때도 많고. 서로의 생각이나 수준도 다른 것 같고."

'수준'이라는 단어에 유난히 힘이 들어갔다. 그 말에 발끈하는 느낌이 미연이의 표정에 살짝 비쳤다.

"어쨌든 난 이제부터 막강 UCC 팀에서 빠질래."

한슬이가 단호하게 결론을 내렸다.

미연이가 순간 발딱 일어섰다.

"네 생각이 정 그렇다면 마음대로 해. 근데 선생님께는 아직 이야기하지 않는 게 좋겠다. 알았지?"

그 말을 하는 동안 미연이는 한슬이를 한 번도 쳐다보지 않았다. 그리고는 이야기를 마치자마자 뒤 한 번 돌아보지 않고 밖으로 나갔다.

"미, 미연아!"

필구는 잠시 어쩔 줄 모르는 표정으로 미연이의 뒷모습과 한슬이를 번갈아 보다가 이내 뭔가 결정했다는 듯 미연이를 뒤쫓아 나갔다.

'필구야, 이 형님은 이제 더 이상 너 같은 어린애가 아니란다.'

다급히 뛰어 나가는 필구의 뒷모습을 보며 한슬이는 속으로 이렇게 말하고는 웃었다.

한슬이는 말을 꺼내기 전까지 혹시 혼자 따돌림을 당할 행동을 하는 게 아닐까 하는 걱정도 있었다. 그러나 막상 이야기를 하고 나니 후련하고 뿌듯했다. 새로운 의욕이 샘솟았다.

'이제 내 뜻대로 나의 길을 가면 되는 거야. 모두를 놀라게 해 주겠어. 그리고 결과를 보면 필구와 미연이도 이해할 거야.'

이렇게 해서 게임에 푹 빠져 사는 한슬이의 나날은 시작되었다. 학교에 있는 시간이 아까울 정도였다. 하루 종일 컴퓨터 앞에 앉아 있기만 했으면 좋겠다는 생각이 절로 들었다.

 게임을 주제로 세상을 깜짝 놀라게 할 영상을 만들어야 한다고 작정하니 할 일이 너무 많았던 것이다. 단지 재미로 게임을 하는 것과는 달랐다. 체계적으로 게임에 대해 알아야겠기에 우선 게임의 역사부터 공부하기 시작했다. 한편으론 가능한 모든 게임들을 구해서 종류별로 분류하고, 그래픽이나 애니메이션을 나름대로 평가하고, 재미를 주는 요소들을 기록했다.

 루시엘라는 새로운 게임을 계속해서 찾아 주었다. 그렇게 하나 하나 살펴보다 보니, 아무리 시시한 게임도 다른 게임에는 없는 재미가 한 가지쯤 있었다. 그러한 재미를 찾아내는 기술도 게임을 거듭하면서 늘어 갔다. 게다가 그런 기술이 늘어날수록 게임은 자신의 깊고 오묘한 재미를 보여 줬다.

 이제는 게임의 숨소리까지 들리는 경지에 올랐다고 한슬이는 스스로를 평가했다. 전설로 전해져 오던 비밀의 책을 얻어 깊은 산속 동굴에서 무예를 단련하는 고수의 마음이 되었다.

 아빠는 UCC 콘테스트에 출품할 작품을 만든다는 당당한 설명에 한슬이의 이런 생활에 별다른 제지를 하지 않았다.

"그래, 남자가 뭔가 목표를 정하고, 거기에 모든 힘을 쏟는 건 멋있는 일이지."

요즘에는 아빠도 엄마가 없는 자유를 은근히 즐기는 눈치였다.

"한슬아, 아빠 고등학교 친구들이 우리 동네까지 왔다고 하네. 잠깐 나가서 맥주 한잔 마시고 올게. 엄마 없을 때 아빠도 한 번……."

그날 밤만 해도 아빠는 이렇게 이야기하며 윙크를 찡긋하고는 서둘러 나갔던 것이다. 문득 한슬이는 아빠의 얼굴이 많이 해쓱해졌다고 느꼈다.

아빠가 식사 당번 약속을 깨기 시작하면서 '사나이들끼리의 생활'은 빠르게 무너져 갔다. 아빠와 한슬이는 서로 눈치를 보며 각자 맡은 일을 조금씩 소홀히 하더니 이제는 집안일을 거들떠보지도 않게 되었다.

아빠가 일찍 들어오는 날도 저녁은 외식을 하거나 배달시켜 먹는 게 보통이었다. 아빠가 늦는 날도 용돈이 충분했으므로 걱정이 없었다. 그러다 보니 쓰레기는 늘어 갔지만 설거지는 자연스레 줄어들었다. 빨래는 동네 빨래방에서 해결했다. 고작해야 며칠에 한 번 아빠가 생각났다는 듯 한슬이를 채근하여 집 안을 청

소하는 것이 집안일의 전부였다.

한슬이에게는 이런 생활이 나쁘지만은 않았다. 아니, 이런 생활에 조금씩 익숙해지면서 집 안이 지저분한 것이 점점 편하게 느껴졌다.

오히려 집 안을 매일 청소한다는 것은 괜한 체력과 시간의 낭비라는 생각이 들기까지 했다. 저녁에 다시 깔게 될 이부자리를 그동안 아침마다 개어 왔다는 것이 바보짓처럼 여겨졌다. 생활이 점점 더 신나는 방향으로 발전한다고 느껴지기까지 했다.

한슬이는 한 가지 무예를 연마하는 도인들이 세월이 흐르면서 머리카락과 수염이 무성해지는 이유를 알 것만 같았다. 게으른 것이 아니라 가장 가치 있는 한 가지에 집중하면 저절로 그런 모습이 되는 것이라고 생각되기까지 했다.

한슬이는 아침에 일어나는 것이 점점 힘들어졌다. 엄마가 있을 때는 무슨 일이 있어도 밤 열 시에는 잠자리에 들어야 했다. 그런

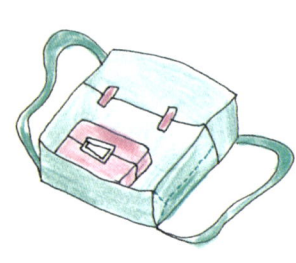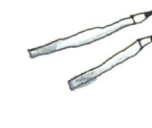

데 게임에 푹 빠져 든 이후로는 열두 시나 한 시까지 컴퓨터에 붙어 있다가 졸음이 몰려와야만 잠자리에 들었다. 그 바람에 아침마다 깨우는 아빠와 '5분만 더!'를 외치며 승강이를 벌여야 했다.

오늘 아침에는 아빠가 새벽 일찍 출근해야 할 일이 있었다. 아빠는 한슬이 머리맡에 자명종을 맞춰 놓고 집을 나섰다. 그것도 못미더워 여덟 시에 전화까지 했는데, 한슬이는 잠결에 받고는 다시 잠들고 '일어날께요' 하고는 다시 잠들고 말았다. 결국 담임선생님의 전화를 받고 열 시가 다 되어서야 지각 등교를 하고 말았다.

"박한슬! 아무리 UCC 준비 때문이라고 해도 열두 시를 넘겨 자는 건 안 돼. 때가 되면 아무리 하고 싶어도 멈출 줄 알아야지. 늦게까지 안 자는 건 내일 쓸 에너지를 미리 당겨서 쓰는 거란 말이야. 그래서는 오히려 더 안 좋은 결과가 나올 뿐이라고. 게다가 한슬이 너 요즘 너무 게을러진 것 같은데. 얼굴도 피둥피둥 살이 붙었고."

담임선생님의 걱정 어린 꾸중을 들으며 살펴보니 필구는 '그것참 쌤통이다'라는 표정이었다. 그리고 미연이 얼굴에는 실망이 가득했다.

'미연이보다 백배는 더 예쁘고 똑똑한 루시엘라가 있는데, 무

슨 걱정이야. 최고의 상을 타서 복수해 주겠어. 그럼 선생님도 야단치셨던 걸 후회할 거야. 시상식 날, 선생님께서 미안했다, 라고 말씀하시면 가만히 웃어 주어야지. 그러고는 선생님의 그런 꾸중이 좋은 영상을 만드는 데 밑거름이 되었어요, 이렇게 말해 볼까?'

한슬이는 루시엘라만 있어 준다면 친구들과 선생님의 야단과 질책이 조금도 무섭지 않았다.

내 블로그 | 이웃 블로그 | 모두의 블로그 | 바로가기　LogOut

루시엘라의 블로그

tags | guest N

prologue | biog N | photolog

http//www.luciella.co.kr

흑마술 실습 대상을 위해 종일 파랑초등학교를 기웃거렸던 피곤한 하루였다.
이번 실습 주제는 〈보통 아이 절제심 무너뜨리기!〉 다행히 딱 맞는 녀석을 발견!
녀석의 이름은 박한슬. 한슬아 기다려라! 내가 흑마술 실습 한번 제대로 해 줄게!

 루시엘라 (luciella)

프로필 ▶　쪽지 ▶　친구추가 ▶

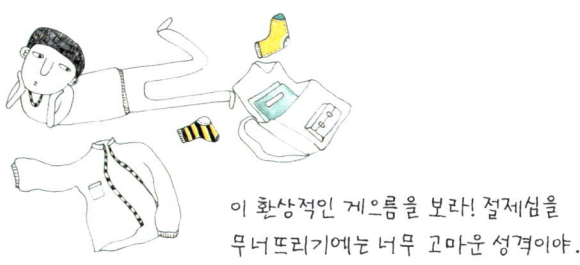

이 환상적인 게으름을 보라! 절제심을
무너뜨리기에는 너무 고마운 성격이야.

저렇게 쉴새 없이 먹어댄다면 따로
유혹할 것도 없이 머지않아 뚱보가
될 것 같다. 나누야 실습우등생!

한번 시작하면 계속 '한 판만 더!'를 외쳐대는
이 녀석. 게임이 없었던 예전의 마녀들은
무엇으로 아이들을 꾀어냈을까?

▼ 덧글 14개 N ｜ 엮인글 쓰기

1 ｜ 2 ｜ 3 ｜ 4 ｜ 5 ｜ 6 ｜ 7 ｜ 8 ｜ 9 ｜ 10 ｜ 다음 ▶

스스로 이겨 내는 힘_절제

PART 2

자신감이. 넘칠 때..
위기는. 모습을 드러낸다..

우리는 위험한 순간에는 조심하게 됩니다.
그러나 일이 술술 풀릴 때에는 우쭐해져서 앞만 보고
달려갑니다. 거기에 위기는 숨어 있습니다.
때때로 멈추어 서서 차분히 자기 자신과 주변을 살펴보는
지혜는 바로 절제에서 시작됩니다.

위기일발! 미래의 영화감독

자료는 너무 많고, 일손은 턱없이 모자랐다. 충분히 줄였다고 생각했는데도 시나리오는 너무 길었다. 아니, 처음부터 주제를 너무 거창하게 잡아 시작한 게 탈이었다.

한슬이는 자신의 동영상 제목을 '내가 꿈꾸는 게임-게임의 숨소리를 들려주마'로 정했다. 루시엘라가 한슬이의 영상 시나리오 만드는 일을 많이 도와줬다. 한슬이가 게임에 관해 말하고 싶은 것을 전부 적어 놓고 읽어 보니 30분도 넘었다. 그것을 루시엘라와 함께 줄이고 줄인 끝에 마침내 시나리오가 완성되었다.

"예술은 뼈를 깎는 아픔 속에 탄생한다는 말도 못 들어 봤어? 생각나는 말, 하고 싶은 이야기를 전부 늘어놓는다고 해서 모두 좋은 내용이 되는 것은 아냐. 군더더기를 없애야 비로소 주제가

 어린이를 위한 **절제**

강하게 떠오르는 것이라고."

루시엘라가 매번 이렇게 선생님처럼 한슬이를 이끌어 주었다.

시나리오가 완성되자 루시엘라도 마음이 놓이는지 당분간 자기가 없어도 되겠냐고 물어 왔다. 작은마녀학교 기말 고사가 코앞이라고 했다.

"지금부터는 순전히 감독의 몫이야. 나중에 놀랄 만한 작품을 보여 줄게. 당분간 안 나타나는 게 오히려 감독을 도와주는 거야."

한슬이는 오히려 잘되었다는 생각에 자신 있게 대답했다. 너무 딱 달라붙어서 이것저것 참견하는 루시엘라가 약간은 귀찮게 생각되었기 때문이었다. 이제는 혼자 쉬엄쉬엄 해도 충분히 멋진 작품을 만들 자신이 있었다.

Scene #. 17 : 내일의 게임	
영 상	음 향
- 스타크래프트의 전투 장면 - 피시방에서 게임에 열중하는 학생들 - 페이지 넘기는 효과로 화면 전환 - 미래 도시의 모습	- 효과음 : 스타크래프트의 전투 음향 - 내레이션 : 게임을 싫어하는 어린이는 없습니다. 미래에 게임은 아주 중요하게 될 것입니다. - 웅장한 음악

이것은 한슬이가 만든 시나리오의 한 부분이다.

시나리오대로 UCC를 만들기 위해서는 여러 가지 동영상들이 필요했다. 컴퓨터 동아리에서 몇 차례 비슷한 작업을 해 본 덕분에 한슬이는 어렵지 않게 필요한 동영상을 얻을 수 있었다.

우선 컴퓨터반에서 공동으로 쓰고 있는 비디오카메라를 가지고 피시방으로 갔다. 그곳에서 스타크래프트에 푹 빠져 정신없이 키보드를 두드리고 있는 아이들의 생생한 모습을 촬영했다. 그리고 비디오테이프에 담긴 영상을 컴퓨터로 옮겼다.

또 필요한 게임 장면들을 컴퓨터에서 동영상으로 녹화했다. 사진이나 그림들도 여기저기서 다운받아 놓았다. 어울리는 배경 음악들도 종류별로 골라 놓았다. 슈욱, 띠웅, 꽈과광! 멋진 효과음들도 따로 모았다. 대사 부분은 방문을 잠가 놓고 한슬이가 자기 목소리로 녹음을 마쳤다.

지난 며칠 동안 이렇게 해서 한슬이는 시나리오를 동영상으로 만들 수 있는 모든 자료를 갖추어 놓았다. 이제 편집 프로그램에서 멋지게 엮어 내기만 하면 되었다. 편집이란 시나리오 내용에 맞추어 영상과 음향을 연결하는 과정이었다.

한슬이는 편집이라면 특히 자신이 있었다. 컴퓨터 동아리에서도 동영상 편집 프로그램을 가장 잘 다룬다고 소문난 박한슬이 아니었던가? 한슬이는 마감을 하루 앞둔 일요일에 마지막 편집 작업을 하기로 마음먹었다.

꼭 해야만 하는 일이 있을 때는 왜 그렇게 재미난 일이 많아지는지 모르겠다. 한슬이는 평소에는 관심도 없던 텔레비전 프로그램을 끝까지 보았다. 그리고 이제 편집을 시작할까 하는 순간, 갑자기 책상 서랍을 정리하고 싶어졌다. 서랍을 정리하다 보니 예전에 쓴 일기나 독서 감상문 같은 것들이 나왔다. 정리하던 손을 멈추고 그것들을 하나하나 읽기 시작했다.

머릿속에선 빨리 편집 작업을 해야 한다는 압박감이 끊임없이 들면서도, '내 실력으로 세 시간이면 충분히 해낼 수 있으니까 걱정 없어'라는 자신감에 자꾸 시작을 미루었다. 그러다 보니 배가 허전해져서 떡볶이를 사 먹고 왔다. 배가 부르자 이번에는 잠이 솔솔 왔다.

늘어지게 낮잠을 자고 일어나 보니 밖은 어느새 어둑어둑해져 있었다. 긴긴 일요일 낮을 편집에는 손도 못 댄 채 쓸데없는 일을 하느라 흘려보낸 것이었다. 한슬이는 서둘러 세수하고, 컴퓨터 앞에 앉아 편집을 시작했다.

작업을 시작한 지 세 시간이 지났을 때 한슬이는 뭔가 잘못되어 간다고 느꼈다. 예전에 컴퓨터 동아리에서 동영상을 편집할 때는 보통 두세 시간이면 끝낼 수 있었다. 한데 이번에는 어림도 없었다. 벌써 세 시간째 낑낑대며 애를 썼지만 전체 분량의 5분의 1도 엮어 내지 못한 것이었다.

자료는 너무 많고, 일손은 턱없이 모자랐다. 충분히 줄였다고 생각했는데도 시나리오는 너무 길었다. 아니, 처음부터 주제를 너무 거창하게 잡아 시작한 게 탈이었다. 미연이와 필구는 물론 세상 사람들도 깜짝 놀라게 할 영화감독의 데뷔 작품을 만들겠다는 욕심 때문에 일이 점점 커졌던 것이었다.

시간에 쫓기다 보니 일은 점점 엉망이 되어 갔다. 온갖 자료들을 열었다 닫으면서 파일 이름도 급한 마음에 생각나는 대로 붙여 나갔다. 필요한 자료를 찾아 이리저리 헤매는 동안 컴퓨터의 하드디스크는 각종 파일들이 터질 지경으로 가득 찼다.

어느새 바탕 화면에는 자기가 만들어 놓고도 이름만으론 내용을 알 수 없는 파일들의 아이콘이 꽉 들어차 있었다. 파일을 열어 보면 원하는 내용이 아니기 일쑤였지만 그렇다고 함부로 지울 수도 없었다. 결국 쓸모없는 자료들로 용량이 가득 차 버린 동영상 편집 프로그램이 대책 없이 멈춰 버렸다.

"으아, 먹통이 되어 버렸네. 저장도 안 했는데. 망했다!"

한슬이는 양손으로 머리를 감싸 쥐며 소리쳤다. 아무것도 버리

지 못하고 쓸데없는 자료들을 너무 많이 갖고 있던 게 문제였다. 적당한 선에서 멈추지 못했고, 욕심이 너무 컸다.

한슬이는 이제부터 어떻게 해야 좋을지 도무지 생각이 떠오르지 않았다. 컴퓨터 동아리 친구들과 선생님의 비웃는 얼굴이 머리를 스쳐 갔다. 공동 작업을 했더라면 작업이 이렇게까지 엉망이 되지는 않았을 것이라는 뒤늦은 후회가 들었다.

시나리오도 이토록 복잡해지지 않았을 것이고, 셋이서 하면 편집도 훨씬 쉬웠을 것이다. 자료들도 잘 구분해서 꼭 필요한 것들만 정리해 둘 수 있었을 것이다. 자료 분류는 필구가 특기였으므로. 아니, 게으름 피우지 않고 아침부터 편집을 시작했어도 이렇게까지 엉망이 되지는 않았을 것이다.

"엄마, 어떻게 해! 하느님 아버지, 살려 주세요. 내일이 마감이란 말이에요. 오늘 아침으로 돌아가는 마법은 없나요?"

한슬이는 울고 싶은 마음으로 외쳤다. 순간 머릿속에 한 줄기 빛이 번쩍 지나갔다.

"맞아. 루시엘라!"

지난번 과학 시간 발표 준비를 도와줄 때 보았던 루시엘라의 눈부신 손동작이 떠올랐다.

곧바로 루시엘라의 세상에 접속을 시도해 봤지만 루시엘라는

어린이를 위한 **절제**

나타나지 않았다. 기말 고사가 끝날 때까지 루시엘라는 접속하지 않겠다고 했었다.

포기하는 마음으로 벌렁 드러눕다가 머리가 바닥에 닿기도 전에 벌떡 일어났다. 갑자기 구원의 불빛처럼 루시엘라를 찾을 방법이 머릿속을 스쳤기 때문이었다. 한슬이는 멀리 어둠 속에서 가물거리는 불빛을 놓치지 않으려는 듯 정신을 집중해 기억을 되살렸다.

'있다. 실낱같은 힌트가 있어!'

처음 루시엘라를 만났을 때 한슬이는 종이 성적표에 적힌 비밀 번호를 루시엘라에게 알려 준 일이 있었다. 루시엘라의 아빠가 온라인 성적표에 로그인하는 데 필요한 번호였다. 성적표를 보면 어떻게든 루시엘라와 연락할 방법이 있을 것이다. 다행히 한슬이는 그때의 비밀 번호를 기억하고 있었다.

한슬이는 자신의 기억을 되살려 루시엘라의 세상 초기 화면 왼쪽 구석에 하트 모양을 거꾸로 그려 놓은 것 같은 조그만 아이콘을 클릭했다. 비밀 번호를 묻는 창이 나왔다. 한슬이는 자신이 기억하고 있는 비밀 번호를 한 자씩 조심스럽게 창에 쳐 넣었다.

1004. 천사. 외우기는 쉬웠지만 작은 마녀를 만나기 위한 비밀 번호치고는 왠지 우습다는 생각이 들었다.

곧이어 루시엘라의 종이 성적표와 똑같이 생긴 온라인 성적표 표지가 나왔다. 5학년 2학기. 한슬이가 찾아 주었던 1학기 다음 성적표였다. 마우스를 화살표에 가져다 대고 한 장씩 넘겨 볼 수 있게 되어 있었다. 한 장을 넘겨 성적표 내용을 보았다.

처음 보는 학과목 이름이 낯설면서도 재미있게 느껴졌다. 작은 마녀들이 어떤 공부를 하는지 충분히 짐작할 수 있었다. 성적 평가에는 칭찬이 가득했다. 루시엘라는 역시 우등생이었다. 한슬이는 자신이 루시엘라의 부모라도 된 듯 흐뭇한 기분을 느끼며 성적표를 읽어 내려갔다.

하지만 그런 기분도 잠시, 성적표를 읽던 한슬이의 가슴은 점점 심하게 뛰었고, 마우스를 쥔 손이 덜덜 떨렸다. 성적표를 끝까지 읽었을 때, 한슬이는 그곳에 적혀 있는 실습 대상이 바로 박한슬 자신일 것이라는 확신이 들었다.

갑자기 루시엘라가 무서워졌다. '막강 UCC 팀'을 떠나 혼자 영상을 만들도록 부추긴 것도, 신기한 게임을 매일 선물한 것도, 까다로운 학교 과제를 매번 손쉽게 해결해 준 것도 전부 루시엘라가 아니었던가? 그러고 보니 언제나 '한슬이가 최고야' 하면서 기분을 띄워 준 것도 결국 한슬이를 무너뜨리기 위한 꾐이었다.

'그 피자 맛있겠다', '햄버거 먹는 모습이 보기 좋다', '시간을 아껴야 하니깐 컴퓨터 앞에서 컵 라면을 먹는 게 좋겠다' 이런 말로 한슬이를 포동포동한 두부살로 만든 것도 루시엘라의 계략임에 틀림없었다.

이제 공모전에 동영상을 출품하는 것은 불가능한 일이 되고 말았다. 친구들과 선생님을 감탄시키기는커녕 따돌림과 웃음거리가 되는 일만 남은 것이다. 신나는 나날이라고 좋아했던 시간들이 작은 마녀의 유혹 실습에 놀아난 세월이라니.

지금 어디선가 무너진 한슬이의 모습을 보고 최우수 실습 성적을 받았다며 신나게 웃고 있을 루시엘라를 생각하니 화가 나서 견딜 수 없었다. 모니터 위의 루시엘라 캐릭터 인형을 창밖으로 던져 버렸다. 인형이 어디엔가 부딪히는 소리를 듣는 순간, 한슬이는 갑자기 어지러워지면서 정신이 아득해졌다.

절제하지 못하는 것이 문제의 시작이야

맞아. 내게 더 이상 필요 없는 것을 끼고 사는 것이 욕심이고, 그걸 나누는 것은 일종의 절제일 거야.

처음에는 눈앞이 온통 하얀색이었다. 그러다가 한가운데부터 작은 점이 생겼다. 그 점에서 물 위에 떨어진 그림물감처럼 색이 번지더니 어느샌가 사람의 얼굴로 바뀌었다.

"아빠!"

걱정에 가득 찬 아빠의 얼굴이 거기 있었다.

"한슬아, 아빠다. 이제 정신이 좀 드니?"

아빠의 얼굴이 환하게 밝아졌다. 주위를 둘러보니 병원 입원실이었다.

'내가 왜 여기에 누워 있는 거지?'

한슬이는 어리둥절했다.

"한슬아, 아무 걱정 하지 말고 푹 쉬어라. 그동안 얼마나 힘들었니."

아빠의 설명에 따르면, 어젯밤 의자가 넘어지는 요란한 소리에 놀라 방으로 달려가 보니 한슬이가 정신을 잃은 채 신음을 토해 내고 있었다고 한다. 아빠가 119 구급차를 불러 병원 응급실까지 오게 된 것이었다. 아빠의 말을 들으며 한슬이는 어렴풋이 사이렌 소리 속에서 자신이 검은 어둠 속으로 소용돌이치며 빨려 들어가는 악몽을 꿨던 일을 떠올렸다.

"몸도 마음도 완전히 진이 빠진 상태입니다. 어린이한테는 보통 없는 일인데…… 불규칙적이고 균형이 무너진 식생활, 역시 불규칙한 생활에 수면 부족, 운동 부족…… 그리고 무엇보다 마음의 상처가 깊은 것 같습니다. 순간적으로 무엇엔가 정신적 에너지를 온통 쏟아 붓고 난 뒤에 허탈해진 공황 상태입니다. 큰 충격을 받은 것 같습니다."

의사 선생님이 내린 진단이었다.

"엄마가 안 계시니까 게임에 점점 빠져들게 되고, 동영상 공모

 어린이를 위한 **절제**

전에 장래 영화감독다운 멋진 작품을 만들어 보겠다고 욕심을 내다 보니까 무리를 했어요. 그런데 편집 프로그램이 멈추면서 망했다는 생각에 정신이 아득해졌어요. 눈앞에 별도 보였고요."

한슬이는 의사 선생님에게 루시엘라 이야기는 하지 않았다. 말해도 믿어 줄 것 같지 않은 데다, 왠지 혼자만 간직한 채 천천히 생각해 보고 싶었기 때문이다.

"당분간 입원해 있으면서 몸과 마음을 회복해야 합니다. 아직 면역력이 약한 어린이이기 때문에 건강의 균형을 잃으면 자칫 큰 병이 올 수도 있습니다."

이렇게 해서 한슬이의 병원 생활이 시작되었다.

입원한 지 처음 이틀 동안은 내내 잠만 잤다. 그동안 불규칙한 생활로 쌓인 피로 때문인지, 아니면 약 기운 때문인지 링거 주사를 맞고 누워 있으면 어느새 까무룩 잠이 들었다.

3일째 되는 날, 선생님과 반 친구들이 병문안을 왔다. 미연이와 필구도 왔다. 한슬이는 필구와 미연이에게 미안하다는 말을 하고 싶었지만 다른 친구들도 여럿 있어서 따로 이야기를 나누진 못했다. 미연이는 한쪽에서 말 한마디 없이 가만히 서 있었다. 필구는 한슬이가 머리맡에 과일과 만화책을 잔뜩 쌓아 놓은 채 누워 있는 것을 보고 한마디 했다.

"야, 부럽다. 나도 안 아픈 병에 걸려서 한 달쯤 입원해 봤으면 좋겠다."

필구의 말에 아이들 모두 한바탕 웃었다.

닷새가 지나자 몸이 한결 가뿐해지고 병원 생활에 익숙해지면서 필구의 말처럼 뜻밖의 편안함을 느꼈다. 같은 병실에 입원해 있는 환자들과도 자연스레 사귀게 되었다.

한슬이의 병실에는 한슬이를 포함해 모두 세 명의 환자가 입원해 있었다. 간이 안 좋은 아빠 또래의 아저씨와, 혈압이 높은 뚱뚱보 대학생 형이었다. 입원해 지내다 보면 서로 아프다는 공통점 때문인지, 아니면 하루 종일 함께 있어서 그런지 나이에 상관없이 금세 친해졌다. 아저씨도 대학생 형도 한슬이에게 다정하게 대하며 자기들 이야기를 해 주었다.

아저씨는 술이 문제였다.

"한슬아, 너는 크면 술 먹지 마라. 아저씨는 배 속에 있는 간장에게 미안해서 죽겠다. 몸 안에 있는 신체 기관들은 나를 위해 이렇게 열심히 일하는데 주인인 내가 그까짓 술 하나를 참아 내지 못했으니 말이다."

대학생 형은 음식을 너무 많이 먹는 것이 문제였다.

"한슬아, 무엇이든 맛있다고 마구 먹어 대면 큰일 난다. 젊고

어린이를 위한 **절제**

건강한데 무슨 상관 있겠나 했는데, 혈압 때문에 이렇게 병원 신세를 지게 되었잖아. 어릴 때부터 좀 모자란 듯 먹는 습관을 들여라."

그 말을 들으며 한슬이도 뜨끔했다. 그동안의 무절제한 식생활이 몸에 얼마나 해로운 것인지 이번에 경험했기 때문이었다.

한슬이는 모자라는 것보다 너무 지나친 것이 더 많은 문제를 일으킨다는 사실을 병원에 있으면서 뼈저리게 느꼈다. 뭔가 부족해서 병에 걸린 사람보다는 너무 넘쳐흘러서 병이 된 환자들이 대부분이었다. 적당한 순간에 참는 지혜가 필요했던 것이다.

의사 선생님도 한슬이 병실에 아침 회진을 오면 모두 들으라는 듯이 큰 소리로 말했다.

"이 방에 있는 환자들은 어른이든 아이든 절제만 하면 약이 필요 없는 사람들이에요. 이제 퇴원하면 뭐든 좀 모자라다 싶을 때 멈추세요. 그러면 평생 병원 신세를 질 일이 없어요."

아저씨도, 뚱뚱보 형도, 그리고 한슬이도 웃으면서 머리를 긁적였다. 한슬이는 그때마다 퇴원하면 어떻게 생활하는 것이 좋을지를 생각해 보았다.

'절제하는 생활은 구체적으로 어떻게 하는 것일까?'

창밖의 풍경을 보고 있으면 어서 빨리 건강을 되찾아 친구들이

어린이를 위한 **절제**

떠드는 소리로 왁자지껄한 교실로 돌아가고 싶었다.

입원한 지 일주일째 되는 날이었다. 아침에 의사 선생님이 내일은 퇴원해도 좋다고 해서 한슬이는 하루 종일 들뜬 마음으로 짐을 정리하며 보냈다. 짐 중에는 아빠가 올 때마다 몇 권씩 사온 만화책이 제일 많았다. 커다란 봉투에 담다가 문득 이 만화책들을 꼭 집에 가져갈 필요가 있을까 하는 생각이 들었다. 모두 몇 번씩 보아서 내용을 줄줄 외울 정도였다. 때마침 의사 선생님의 말이 생각났다.

"아무리 좋은 것도 지나치게 많이 먹으면 오히려 해가 될 수 있어. 우리 몸은 영양분이 골고루 적당히 들어오는 것을 제일 좋아해."

문병객들이 저마다 선물한 영양제로 가득한 한슬이 사물함을 보고 의사 선생님이 하던 말이었다.

'맞아. 내게 더 이상 필요 없는 것을 끼고 사는 것이 욕심이고, 그걸 나누는 것은 일종의 절제일 거야.'

한슬이는 다른 입원실에 있는 친구들에게 만화책을 나눠 주었다. 기뻐하는 얼굴들을 보니 한슬이가 오히려 더 행복했다.

오후 늦게 뜻밖에도 미연이와 필구가 예고 없이 입원실로 찾아

왔다.

"한슬아, 이것 좀 봐 봐."

의아한 눈빛으로 바라보는 한슬이 눈앞에 필구가 좋아 죽겠다는 표정으로 난데없이 신문을 쑥 내밀었다. 미연이도 옆에서 말없이 생글생글 웃고 있었다. 필구의 손길을 따라 어린이 신문을 훑어 내려가니 '전국 어린이 UCC 공모전 예선 결과'라는 문구가 눈에 확 들어왔다.

'막강 UCC 팀 〈우리들의 꿈은?〉 파랑초등학교 5학년 고미연, 박한슬, 이필구!'

예선 통과자 명단에는 세 사람의 이름이 똑똑히 쓰여 있었다.

"이야, 예선 통과다!"

한슬이는 자기도 모르게 환호성을 지르면서 필구와 미연이에게 두 손을 활짝 펴고 하이 파이브 세례를 퍼부었다.

'잠깐, 내가 지금 뭘 하고 있는 거야. 어떻게 된 일이지?'

한슬이는 한순간, 동작을 멈췄다. 부끄러운 마음에 얼굴이 약간 달아올랐지만 그보다는 궁금증이 더 강했다.

"그런데 어떻게 내 이름이 거기에 있는 거지?"

한슬이의 물음에 필구가 자랑스럽게 속사포처럼 사정을 설명해 주었다. 미연이는 처음부터 UCC 만드는 과정을 또 하나의

UCC로 만들자는 한슬이의 아이디어가 기발하다고 생각했다. 그런데 한슬이는 셋이 함께 만든다는 생각보다는 자꾸 자기를 중심에 놓고 '초딩 영화감독의 UCC 만들기'만 주장해서 선뜻 찬성할 수 없었다.

그래서 미연이는 처음에 팀이 결성되었을 때부터 모든 과정을 필구와 한슬이 모르게 자기 캠코더로 촬영하기로 마음먹었다고 한다. 그리고 한슬이의 양보는 나중에 얻자고 생각했다. 셋이 주제를 놓고 아웅다웅하는 모습부터 화면에 담으려 했기 때문이었다. 그런데 뜻밖에 한슬이가 팀을 뛰쳐나간 것이었다.

결국 영화감독을 꿈꾸는 한슬이와 탐정이 장래 희망인 필구 그리고 피아니스트가 되고 싶은 미연이 자신이 UCC 주제를 놓고 티격태격하는 모습을 있는 그대로 편집해 〈우리들의 꿈은?〉이라는 한 편의 동영상으로 완성했던 것이다. 이것이 '세 친구가 갈등을 겪는 과정을 재미있고 솔직하게 그려 낸 작품'이라는 평과 함께 예선을 통과하게 된 사연이었다.

"그때는 내가 아무것도 몰랐어. 너무 고맙다."

전 같았으면 절대 이렇게 솔직하게 사과할 한슬이가 아니었다.

"어쨌든 한슬이도 출연했으니까 이름이 들어가는 건 당연하지. 이제 퇴원하면 본선 때나 제대로 활약해 봐."

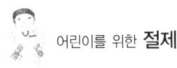

미연이도 새침한 말투였지만 웃으면서 이렇게 화답했다. 이로써 '막강 UCC 팀'은 다시 뭉치게 되었다.

퇴원하기 전에 의사 선생님은 한슬이를 따로 불러 한참 동안 이야기했다.

"아무리 좋아하는 일도 하루 종일 그것만 생각할 정도로 몰두하면 심각해지는 거야. 내 몸의 주인이 내가 아닌 게 되지. 심한 어른들의 경우지만, 마약에 중독되면 하루 종일 마약 생각만 하다가 인생이 끝나는 거야."

언젠가 텔레비전에서 보았던 아편 중독자의 모습이 떠올랐다. 방구석에 누워 초점 없는 눈으로 허공을 바라보며 떨고 있는 처참한 모습이었다. 너무 심한 비유라는 생각에 몸이 움찔했다.

"한번에 바로 중독되는 경우는 없어. 딱 한 번만 더 하자, 이 정도까진 괜찮겠지. 이렇게 조금씩 자기 자신을 봐주다 보면 어느새 돌이킬 수 없게 되는 거야. 나중엔 비정상인 모습이 마치 정상처럼 느껴지지."

맞는 말이었다. 엄마가 없는 동안 집안일에 게을러지던 과정이 바로 그랬다. 그전까지 당연하게 여기던, 아침마다 이불 개는 일도 며칠 만에 안 하는 것이 오히려 당연한 일이 되지 않았던가?

의사 선생님이 한슬이의 두 손을 잡으며 결론을 내렸다.

"한슬이가 게임을 아무리 좋아한다 해도 지금은 몸이나 마음 모두 여러 가지 영양소를 골고루 섭취해야 할 때다. 네가 이번에 병이 난 것도 그 균형을 잃었기 때문이야. 문제는 절제야. 네 삶의 주인 자리를 다른 것에 빼앗기고 싶어? 적당한 곳에서 멈추는 스스로의 힘이 중요한 거야!"

퇴원하기 직전에 엄마가 왔다. 공항에서 곧장 병원으로 달려온 엄마는 한슬이의 얼굴을 감싼 채 한동안 눈물을 흘렸다. 엄마의 눈물이 한슬이 볼에서 한슬이의 눈물과 섞여 흘러내렸다.

'엄마, 죄송해요. 그리고 보고 싶었어요. 이제부턴 잘할게요.'

이 세 마디 말만 한슬이 마음속에서 되풀이되었다.

엄마가 돌아오자 모든 것이 빠르게 제자리를 찾아갔다. 집 안은 다시 말끔해졌고, 도마질 소리와 세탁기 돌아가는 소리도 오랜만에 다시 들렸다. 한동안 엄마 눈치만 보며 조용히 지내던 철없는 아빠도 어느새 활기를 되찾았다. 다시 예전의 생활로 돌아온 것이다.

아침이면 식탁에선 음식 냄새가 풍겨 오고, 욕실에는 항상 깨끗한 수건이 준비되어 있고, 일주일에 두 번은 아빠와 함께 신문지는 신문지대로 비닐은 비닐대로 쓰레기를 정리하고, 한슬이도 아빠도 하루도 빠짐없이 두세 번은 엄마에게 잔소리를 듣고, 학

교 숙제 때문에 성가서 하고, 열 시가 되면 엄마의 재촉 속에 컴퓨터를 끄고 잠자리에 드는 생활. 이러한 일상이 편안하고 소중하게 느껴졌다. 한슬이는 이번 일로 마음의 키가 훌쩍 자라난 것 같았다.

하지만 그렇게 되찾은 평온 속에서도 한슬이의 마음속에는 한 가지 허전함이 남아 있었다.

루시엘라.

아무에게도 말할 수는 없었지만 잊어버릴 수도 없는 이름이었다. 시간이 흐르면서 묘하게도 무섭거나 미운 감정보다는 보고 싶다거나 궁금한 느낌으로 다가왔다. 정말 마녀였을까? 나는 그 작은 마녀의 실습 교재로 보기 좋게 꾐에 빠졌던 것일까?

루시엘라를 만났던 흔적은 어디에도 없었다. 처음 루시엘라의 성적표를 발견했던 인형 뽑기 오락기가 있는 곳에 일부러 다시 가 봤지만 그 자리에는 아무것도 없었다.

"여기 인형 뽑기 오락기 있지 않았니?"

하도 이상해 필구를 데리고 가서 물어보기까지 했다.

"무슨 소리야. 여기에 뭐가 있었다고 그러는 거야."

이 동네에서 태어나 골목골목을 자기 손바닥 보듯 알고 있는 필구가 모를 리 없었다.

한슬이는 혹시 헛것을 본 것이 아닐까 하고 생각했다. 어쩌면 루시엘라를 만났다는 것 자체가 현실이 아니라 꿈을 꾼 것인지도 모른다는 의심이 들기까지 했다.

"한슬아, 이거 네 모니터 위에 있던 거 아냐? 이게 왜 여기 있지?"

창고에서 아빠가 소리쳤다. 엄마가 돌아온 이후 부쩍 부지런해진 아빠는 일요일이면 어김없이 앞장서서 집 안 대청소를 했다. 창고 정리를 잠깐 멈추고 한슬이를 기다리는 아빠의 손 위에서

 어린이를 위한 **절제**

인형 하나가 한슬이를 바라보고 있었다.

루시엘라 인형이었다. 멀리 던져 버렸던 것인데, 어떻게 그곳에 나타났을까? 섬뜩하기도 하고 반갑기도 했다.

방으로 가져와서 자세히 살펴보니 인형의 머리에 있던 그믐달 모양의 장식이 보이지 않았다. 떨어져 나갔나 싶어 다시 살펴보았지만 원래부터 그랬다는 듯 인형의 머리 부분엔 아무 자국도 없었다. 다시 버릴까 하는 생각이 순간 들었지만, 손은 어느새 원래 자리인 모니터 위에 인형을 앉혀 놓고 있었다.

루시엘라는 한슬이를 자기 마녀 수업의 실습 대상으로 삼았었다. 한슬이는 루시엘라의 꾐에 빠져 무절제한 생활로 몸을 망치지 않았던가? 루시엘라는 좋은 실습 성적을 받았지만, 한슬이는 친구들과도 멀어지고, 동영상을 완성시키지도 못했고, 마침내 몸과 마음의 상처를 입고 병원에 입원까지 했던 것이다.

그런데 이상하게도 시간이 지나면서 루시엘라를 한번쯤 보고 싶었다. 격렬하게 서로 치고 받은 권투 선수가 경기를 끝낸 후에 진심으로 서로를 껴안는 기분이 지금 한슬이 마음과 비슷하다고 할까? 아니면 도대체 나한테 왜 그랬냐고 직접 만나서 따져 보고 싶은 것일까? 한슬이 자신도 루시엘라가 궁금한 자기 마음이 이해되지 않았다.

어른들도 모두 꿈 많은 어린이였다

그럼. 우리 때는 누구나 꿈이 컸었지. 축구 선수, 프로게이머, 가수…… 이런 시시한 꿈은 아예 생각도 안 했어. 적어도 장군이나 대통령쯤 되었지.

다시 제자리를 잡은 인형을 바라보던 한슬이는 떨리는 손으로 키보드를 두드렸다.

www.luciella.co.kr

루시엘라의 세상 초기 화면이 나왔다. 루시엘라는 분명 꿈이 아니었던 것이다. 루시엘라를 다시 만날지도 모른다는 생각에 한슬이의 가슴이 두근거리기 시작했다. 두려우면서도 빠져나올 수가 없었다. 그건 마치 흔들리는 이를 뺄 때와 비슷했다. 한편으로는 무서우면서도 치과 의사 선생님이 이를 확 잡아 빼는 순간이 기다려지는 묘한 기대감을 느꼈었다. 그러고 나서 마침내 이가 빠지면 날아갈 듯 후련하지 않았던가?

한참을 기다렸지만 루시엘라는 끝내 나타나지 않았다. 문득 화면 구석의 거꾸로 된 하트 모양이 눈에 들어왔다. 지난번에 성적표를 봤을 때는 너무 놀라는 바람에 구석구석 제대로 보지 못했지만 이제는 차분히 볼 수 있었다.

'그래, 이걸 클릭하고 비밀 번호를 입력했었지.'

하트를 클릭하고 비밀 번호 1004를 입력했다. 루시엘라의 온라인 성적표 표지가 나왔다. 두근거리는 마음으로 한 쪽을 넘겼다.

'학기 중이므로 새로운 성적 내용이 없습니다.'

작은 네모 칸 안에 이런 메시지가 떠올랐다. 무슨 의미인지 박쥐가 날갯짓을 하는 애니메이션이 네모 칸 한 켠에서 반복되었다. '확인'이라는 버튼을 누르자 메시지 칸도 박쥐도 사라졌다. 그리고 그 자리에 '학생의 홈페이지 바로 가기'라는 버튼이 보였다.

'루시엘라도 홈페이지가 있는 모양이구나.'

한슬이의 숨결이 다시 가빠졌다. 이제는 루시엘라의 방문 앞에 다다라 문고리를 잡고 있는 기분이었다. 운명의 문을 열어젖히는 기분으로 한슬이는 버튼을 눌렀다.

'작은 마녀 루시엘라의 집에 오신 걸 환영합니다.'

이런 제목에, 한슬이에게도 낯익은 개인 미니 홈페이지의 표지 화면이 나타났다.

'최근 4주간 새 게시물이 없습니다.'

'오늘의 방문자 0'

홈페이지 주인의 사진을 싣는 곳에는 검은 장미 한 송이가 있었고 그 아래에는 '슬픔'이라는 말로 주인의 마음이 표시되어 있었다. 한눈에 보아도 전혀 관리되고 있지 않은 홈페이지였다.

'루시엘라에게 무슨 안 좋은 일이 있는 걸까?'

한슬이의 기분이 묘하게 바뀌었다. 이제 두려움은 사라지고 오히려 루시엘라가 걱정되면서 보고 싶어졌다. 한슬이는 홈페이지의 게시물들을 살펴보았다. 관리를 제대로 하지 않게 되면서 내용을 삭제했는지 아니면 원래부터 그랬던 것인지 방명록 이외에는 내용이 거의 없었다. 한슬이는 가장 오래된 것부터 하나씩 읽어 나가기로 했다.

얼마 읽지 않아, 한슬이도 내용을 짐작할 수 있는 글들이

나오기 시작했다.

'루시엘라 언니, 요즘 실습 준비로 바쁘다며. 파이팅!'
'알맞은 실습 대상을 찾아내는 게 정말 중요해. 내 홈피에 놀러 오면 요령 알려 주마.'
'역시 루시엘라는 우리 인터넷 동아리의 희망!'
'축하! 축하! 근데 너 혼자만 그렇게 잘나가도 되는 거니?'
'실습이 거의 막바지에 왔네! 마지막 한 방 기대할게!'
'루시엘라, 너 실습 대상에게 너무 빠져 있는 거 아냐? 온종일 거기만 가 있네. 수상해.'

여기까지는 루시엘라가 한슬이를 상대로 한창 실습을 진행하고 있는 동안 올라온 글들일 것이다. 친구와 선후배들의 칭찬과 기대가 가득했다.

'조심해! 실습 대상에 필요 이상의 감정은 금물!'
'마음 약한 작은 마녀에게 흑마술은 무리한 것일까?'
'바보야. 우리랑 인간들이랑은 원래 그런 관계인 거야.'

'토끼가 불쌍하다고 호랑이가 풀 뜯어 먹고 살 수는 없는 거야.'

'여태까지 잘해 놓고 막판에 왜 그래? 보여 줘, 최후의 한 방!'

'나도 네 마음 이해하지만, 그래도 어떻게 하니? 한 번만 맘 굳게 먹어.'

'바보야. 그렇게 물러나다니. 끝까지 붙어 있었어야지!'

뭔가 이상했다. 한슬이는 모든 기억과 추리력을 동원해 처음부터 차근차근 다시 읽어 보았다. 루시엘라는 자신의 유혹에 빠져들어 철저히 망가져 가는 한슬이에게 불쌍한 감정을 느낀 게 아니었을까? 친구들이 루시엘라에게 용기를 북돋아 주는 말들을 남긴 것을 보며 그런 생각이 들었다.

루시엘라의 친구들은 루시엘라가 한슬이를 파멸의 구렁텅이에 빠뜨리는 것은 작은 마녀로서 당연한 일이라고 했다. 그런데도 루시엘라는 최후의 일격을 가하지 못하고 마지막에 물러난 것처럼 여겨졌다.

한슬이는 잠시 기억을 더듬었다. 루시엘라를 마지막으로 만난 날은 동영상 시나리오를 끝낸 날이었다. 루시엘라는 시험공부 때문에 당분간 만나기 힘들 거라고 하면서 사라진 이후 더 이상 나타나지 않은 것이었다. 그렇다면 원래는 동영상을 편집할 때 한슬이에게 더 큰 상처를 입힐 작정이었단 말인가? 동영상 편집도 끝내지 못하고 병원에 입원까지 하게 되었는데, 도대체 '최후의 한 방'이란 무얼 뜻하는 것이었을까?

방명록은 거기서 끝났고, 이후 루시엘라의 상태에 대해 짐작할 만한 내용은 더 이상 없었다. '슬픔'이라는 한마디를 남기고 루시엘라는 어디로 사라진 것일까? 한슬이로서는 더 이상 루시엘라에 대해 알아볼 방법이 없었다. 자기를 실습 대상으로 삼았던 작은 마녀의 무사함을 빈다는 게 이상했지만 그래도 루시엘라가 무사하기를 바라는 마음이었다.

병원에서 퇴원한 한슬이는 얼마 지나지 않아 정상적인 학교생활을 되찾았다.

한슬이는 콘테스트 본선 계획을 짜기 위해 세 사람이 다시 모인 자리에서 어떤 표정을 지어야 좋을지 모를 정도로 머쓱했다. 비록 병원에서 화해하기는 했지만 아직도 필구와 미연이를 정면으로 보는 것은 어색했다.

"역시 영화감독 한슬이가 입원할 정도로 몸도 돌보지 않으니까 좋은 영상이 나오는구나. 본선에 대한 기대가 크다."

속사정을 모르는 선생님은 더욱더 곤란하게 격려까지 하고 나가셨다.

"내 이름은 빼도 괜찮았는데……."

한슬이는 아직도 병이 완전히 낫지 않은 척 이마를 만지면서 말끝을 흐렸다.

"한슬이도 어쨌든 신문에 이름까지 났으니까 틀림없이 '막강 UCC 팀'이지."

미연이가 화해의 분위기를 되살렸다.

"몰래 카메라나 찍고 말이야!"

한슬이는 미안하고 고맙다는 말 대신 장난기 어린 주먹을 필구의 옆구리를 향해 내질렀다.

"난 그냥 편집만 했고, 미연이가 다 찍어 놨던 거야!"

필구가 까르르 웃으며 소리쳤다. 미연이는 옆에서 팔짱을 낀 채 두 사람을 바라보며 웃고 있었다. 다시 예전의 생활로 돌아온 것이었다.

"옛날 이야기는 이제 그만 하고 다음 계획이나 잡자."

필구는 오랜만에 돌아온 좋은 분위기가 깨질까 걱정되는 듯 서둘러 화제를 바꿨다.

 어린이를 위한 **절제**

"본선 주제는 무엇으로 할까?"

미연이가 질문을 던졌지만 한동안 아무도 말이 없었다. 예선 주제를 정할 때 티격태격하다가 아무 소득도 없이 헤어졌던 기억 때문이었다. 한슬이는 자기주장만 내세워서는 안 된다고 생각했다. 여럿이 의논할 때는 자기감정을 절제해야만 모두의 머리를 하나로 모을 수 있다는 점을 배운 것이다.

"영화감독, 탐정, 피아니스트 이 세 가지 꿈을 전부 다룰 수는 없을까?"

한슬이는 세 사람의 장래 희망을 하나하나 떠올리며 이야기를 풀어 나갔다.

"우리가 어른이 되었을 때, 실제로 어떤 사람이 되어 있는지 미리 알 수 있으면 좋을 텐데."

필구가 한슬이의 말을 받았다. 하지만 불가능한 이야기였다. 예전에 필구가 이런 말을 했다면 한슬이는 곧바로 말도 안 되는 소리라며 되받아쳤을 것이다. 하지만 이제는 그런 한슬이가 아니었다.

"거꾸로 지금 어른들도 어렸을 때는 어떤 꿈이 있었겠지?"

미연이가 필구의 말에서 실마리를 잡은 듯 눈을 가늘게 뜨고 말했다. 미연이의 말을 듣는 순간, 한슬이도 무엇인가 좋은 생각이 잡힐 듯 말 듯 머릿속을 맴돌았다.

"그럼 어릴 때 우리랑 똑같은 꿈을 꾼 어른들도 있었을 거야."

필구가 마침내 생각났다는 듯이 소리쳤다. 그 순간 구름이 낀 것처럼 뿌옇던 세 명의 머릿속에 번개가 쳤다.

"바로 그거야!"

셋이 눈을 모으며 동시에 소리쳤다. 이어서 봇물 터지듯 아이디어가 샘솟았다.

"초등학교 때 영화감독, 피아니스트 그리고 명탐정이 되고 싶었던 어른들을 찾아보는 거야."

"그 어른들이 지금은 무얼 하고 있는지 알아보는 거야."

"그중에는 꿈을 이룬 사람도 있고, 못 이룬 어른도 있을 거야."

"우리와 꿈에 대해 이야기를 나눈다면 멋질 거야!"

"야호! 됐다. 느낌이 팍 오는데!"

정말 그랬다. 마지막에는 셋이 서로 팔을 두르고 껑충껑충 뛰면서 소리치듯 이야기했다.

"그런데 그런 어른들을 어떻게 찾지?"

미연이가 먼저 흥분을 가라앉히고 차분하게 입을 열었다.

"어른들에게 일일이 물어보고 다녀야 하나? 초등학교 때 꿈이 무엇이었어요? 이렇게?"

어린이를 위한 **절제**

필구가 공책을 둥글게 말더니 마이크처럼 내밀며 말했다.

"그건 너무 원시적인데. 또 초등학교 때 꿈이 뭐였는지 기억하지 못하거나 대답하기 싫어하는 어른들도 많을 것 같아."

한슬이가 제법 신중하게 말하자 필구와 미연이도 고개를 끄덕였다. 잠시 시간이 흐르고 나서 미연이가 혼잣말처럼 속삭였다.

"그러고 보니 우리 엄마도 어렸을 때의 꿈이 피아니스트였다던데."

"우리 아빠는 대통령이었다고 하시는데, 그냥 별 생각 없이 그러셨던 것 같기도 하고."

한슬이가 웃으면서 말하자 필구가 바로 받았다.

"어? 우리 아빠, 엄마는 뭐였지? 못 들어 본 것 같은데?"

그때 미연이의 얼굴이 밝아지며 괜찮은 결론을 내렸다.

"오늘은 좋은 주제를 생각해 낸 것만으로도 충분해. 우리 엄마 아는 사람들 중에는 피아니스트가 꿈이었던 친구들이 많을 거야. 그런 식으로 각자 집에 가서 좀 더 찾아보자."

교문 앞에서 헤어지려는 순간, 내내 조용하다 싶었던 필구가 중대한 발표가 있다고 말하며 발걸음을 멈추게 했다.

"탐정들도 이렇게 각자 헤어져서 수사할 때가 있거든."

어린이를 위한 **절제**

필구가 비장한 표정으로 말머리를 꺼냈다.

"수사? 우리가 찾으려는 어른들이 무슨 범인이냐?"

한슬이가 필구의 말을 가로챘다.

"잘 들어 봐. 어떻게든 사람을 찾아내는 건 마찬가지잖아. 아무 단서도 없이."

필구는 지지 않고 말을 이어 갔다.

"그래서 우리 중에 수사에 대해 제일 잘 아는 내가 몇 가지 수사 원칙을 발표할 테니까 새겨들어."

필구가 말한 '수사 원칙'은 여섯 가지였다.

첫째, 부모님 또래인 30대 후반 나이의 어른들을 수사 대상으로 한다.

둘째, 각자의 장래 희망에 따라 자기와 꿈이 같았던 어른들을 찾는다.

셋째, 일단 대상이 정해지면 최대한 비밀리에 수사한다.

넷째, 적당한 어른을 찾았으면 자세한 정보를 입수한 후 수사 본부에 보고한다.

다섯째, 수사 본부에서는 회의를 통해 수사 방향을 정한다.

여섯째, 수사 본부는 컴퓨터 동아리 교실로 하고, 수사반장은 이필구 탐정이 맡는다.

말투에 잔뜩 힘이 들어가 있었지만 적당한 원칙이었다. 한슬이는 필구가 나중에 정말 명탐정이 될지도 모르겠다고 생각했다.

"필구 수사반장님! 한 가지 이해가 안 가는 게 있는데요?"

"무엇이든 물어보게나, 왓슨 군."

필구가 두 팔로 팔짱을 끼며 셜록 홈스의 말투를 흉내 냈다.

"왜 비밀리에 수사해야 하는 건가요?"

"이 첩보가 만약 다른 팀에 넘어가면 어떻게 하겠나? 어허, 모든 수사의 기초는 비밀이라는 것을 모르다니, 걱정일세."

한바탕 폭소가 터졌고 이어 한참을 더 웃음과 농담이 오가는 소란을 피우다가 아쉽게 헤어졌다. 예전 분위기로 완전히 돌아간 것이었다. 아니, 오히려 한번 아픔을 겪었기에 자신들도 모르게 서로 조금씩 양보하고 상대를 배려하는 마음으로 한 단계 더 발전했다.

"아빠는 초등학교 때 꿈이 대통령이었다고 했었죠?"

저녁때 한슬이는 아빠에게 물었다.

"그럼. 우리 때는 누구나 꿈이 컸었지. 축구 선수, 프로게이머, 가수…… 이런 시시한 꿈은 아예 생각도 안 했어. 적어도 장군이나 대통령쯤 되었지."

아빠는 사과를 찍어 먹은 포크를 막 휘두르면서 큰 소리로 말했다.

"그게 뭐 시시해요. 전부 돈도 잘 버는 직업인데. 대통령 꿈이 더 허황되지."

엄마가 사과 깎던 칼질을 잠시 멈추고 말했다. 그러자 아빠의 목소리가 조금 낮아졌다.

"그래도 사내가 꿈은 일단 커야 한다는 말이지 뭐."

아빠는 포크로 사과를 콕 찍어 들며 화제를 바꿨다.

"그런데 난데없이 초등학교 때 꿈은 왜 물어보는 거냐?"

한슬이는 오늘 있었던 일을 엄마 아빠에게 설명해 주었다. 이야기를 듣고 난 아빠가 사과를 베어 물며 말했다.

"미연이는 좋겠다. 자기 엄마의 꿈이 피아니스트였으니까 주변에서 금방 찾을 수 있겠구나."

"당신 친구 중엔 어렸을 때 영화감독 지망생이었던 사람이 없어요?"

엄마가 아빠에게 물었다. 그러자 아빠가 포크를 내려놓으며 갑자기 자리에서 일어났다.

"잠깐 기다려 봐. 내가 해결해 줄게."

한참 동안 창고에서 뭔가 뒤적거리다가 돌아온 아빠가 한슬이

에게 책 한 권을 불쑥 내밀었다. 색이 누렇게 바랜 낡은 표지에는 '푸른 하늘'이라고 적혀 있었다.

"이게 뭐예요?"

아빠가 책의 차례 부분을 펼치며 대답했다.

"아빠 초등학교 졸업할 때 교지인데, 여기 졸업생들의 장래 희망이 나와 있어."

과연 그랬다. 학교 소식도 있고 선생님과 학생들의 글도 실려 있었는데 맨 뒤쪽에 '졸업생 한마디'라는 코너가 있었다. 거기에는 졸업을 앞둔 6학년 학생들의 글이 실렸고, 각자의 장래 희망이 괄호 안에 이름과 나란히 적혀 있었다.

"어때! 아빠 기억력 최고지? 네가 거기서 알맞은 사람을 찾아내면 아빠가 지금의 연락처를 알아낼 수 있을 거다. 그거야말로 영업 맨의 능력이지."

신기했다. 20년도 더 지나 누렇게 바랜 교지 속에 지금은 누군가의 부모가 되어 있을 어른들의 어린 시절 꿈이 담겨 있었다. 대통령, 과학자, 탐험가, 선생님, 의사, 외교관, 권투 선수, 현모양처……. 그런데 영화감독은 좀처럼 나타나지 않았다. 한슬이는 조금씩 초조해졌다.

"야호! 여기 있다. 영화감독!"

한슬이는 환호성을 질렀다. 마침내 한 사람을 찾아낸 것이다.

한슬이는 문득 아빠는 '졸업생 한마디'에 무엇이라고 썼을까 궁금했다. 그리고 어렵지 않게 아빠의 글을 찾아낼 수 있었다.

'박경수(열쇠 기술자) 서기 2000년 1월 1일 달에서 만나자!'

"어? 이게 뭐야? 아빠 꿈이 열쇠 기술자였어요?"

"뭐? 그랬었나? 아, 쇠를 깎아 열쇠를 만드는 모습이 너무 멋있어 보여서 그때 잠깐 그런 적이 있었지. 프랑스의 루이 16세도 열쇠 갖고 노는 게 취미였대."

아빠는 한슬이를 바라보며 겸연쩍게 웃었다.

내 블로그 | 이웃 블로그 | 모두의 블로그 | 바로가기　

루시엘라의 블로그

tags | guest N

prologue | biog N | photolog　　　　　　　　　　http//www.luciella.co.kr

한슬이가 보고 싶지만 지금 만날 수는 없다. 조금은 우울하다. 한슬이는 주위의 도움으로 절제의 중요성을 깨달아가고 있다. 멀리서 응원해줄 수 밖에……. 한슬아, 내가 너를 위해서 선물을 준비하고 있거든. 조금만 기다려.

 루시엘라 (luciella)

프로필 ▶　쪽지 ▶　친구추가 ▶

"어릴 때부터 좀 모자란 듯이 먹는 습관을 가져라." 한슬이 속이 좀 뜨끔했을 거야.

한슬이가 엄마의 잔소리가 따뜻하고 고마운 것이라는 것을 알게 된 것 같아. 기특해라, 박한슬.

한슬이가 자기 감정을 절제하고 다른 아이들 말에 귀 기울이기도 하네. 희망이 보인다.

▽ 덧글 8개　N　| 엮인글 쓰기

스스로 이겨 내는 힘_절제

PART 3

먼저.
목표를 세우고. 출발하자..

자신의 꿈을 구체적인 장래 희망으로 표현해 보세요.
목표가 분명해지면 10년 후, 20년 후의 모습을 그려
보는, 삶에 대한 큰 계획도 세워 보아요. 그러면 미래를
위해 오늘은 어떻게 생활해야 하는지도 알게 될 거예요.
꿈과 목표가 있어야 절제가 즐거워집니다.

나를 지켜 주는 절제 나침반

> 누구에게나 사탕은 한 알씩만 주어지는 거야.
> 실제 사람의 삶은 충전하면 계속 목숨이 늘어나는 게임이 아니란 말이야.

한슬이는 제2차 세계 대전 전투 게임을 하고 있었다. 프랑스의 한 저택에서 독일군과 대치 중이었다. 정면으로 총을 겨눈 채 긴장된 마음으로 붉은 벽돌 건물 모서리를 잽싸게 돌아서자, 꽃으로 만발한 정원이 나왔다. 나무 뒤가 수상하다고 생각한 순간, 아니나 다를까 검은 그림자가 불쑥 나타났다.

'독일군 발견!'

즉시 방아쇠 역할을 하는 키를 두드렸다. 그런데 이게 웬일인가? 조금 전까지만 해도 멀쩡했던 총이 불을 뿜지 않고 그대로

어린이를 위한 **절제**

있는 것이었다.

'으아, 죽었다.'

한슬이는 질끈 눈을 감았다. 그런데 이상했다. 그다음엔 한슬이의 심장을 향한 적군의 총소리가 들려와야 하는데 휘잉, 바람 소리뿐이었다. 눈을 떠 보니 바람에 날리는 꽃잎들을 뒤로하고 정원 한가운데 치마 입은 소녀가 다소곳이 서 있었다. 치마 색깔이 흰색으로 바뀌기는 했지만 분명 루시엘라였다.

"으악! 뭐야. 루시엘라!"

"한슬아, 안녕. 오랜만이야."

루시엘라는 아무 일도 없었다는 듯 살며시 손을 흔들었다.

"루시엘라! 오랜만이야. 그동안 어떻게 된 거야?"

느낌이었을까? 루시엘라는 전에 비해 한결 얌전해 보였다. 그래서인지 미움보다 반가움이 앞섰다.

"한슬아, 고마워. 날 반겨 줘서."

"한 가지만 물어보자. 도대체 나를 어떻게 하려 했던 거야?"

한슬이는 도저히 궁금해서 그냥 넘어갈 수가 없었다.

"원래 계획은 네가 도둑질하도록 유혹하는 거였어."

루시엘라가 한슬이를 외면한 채 허공을 보면서 이야기를 이어 갔다.

"동영상 편집을 망친 네가 고민할 때, 필구와 미연이가 완성한 동영상을 갖다주려고 했어. 그리고 공모전 예선에 네 이름으로 접수하라고 할 계획이었지. 필구랑 미연이 컴퓨터에선 데이터를 싹 지워 버리고."

한슬이의 등을 타고 차가운 기운이 지나갔다.

정말 그런 일이 벌어졌다면 어땠을까? 한슬이는 예선을 통과했을지 모르지만 필구와 미연이랑은 두 번 다시 돌이킬 수 없을 정도로 사이가 나빠졌을 것이다. 그리고 머지않아 도둑질했다는 사실이 밝혀지고, 한슬이는 회복이 불가능할 정도로 학교에서 왕따를 당했을 것이다.

이런 생각에 한슬이는 순간 부르르 몸이 떨렸다.

"사람 기준에서 보면 못된 짓이지만, 우리에게는 당연한 일이야. 칭찬받을 일이고."

"그런데 왜 그러지 않았어?"

루시엘라가 다시 한슬이 쪽으로 고개를 돌렸다. 한동안 말없이 바라보다가 조용히 입을 떼었다.

"내가 유혹하는 대로 너무 순순히 따라오는 네가 좋아졌어. 더 이상 슬프게 할 수는 없었어. 그래서 실습 우등생이 되는 것을 포기하고 사라졌던 거야."

루시엘라의 입에서 '좋아졌어'라는 말이 나왔을 때 한슬이는 가슴이 뭉클했다. 여자 아이한테 그런 말을 듣는 것은 처음이었다. 한슬이는 루시엘라에게 화를 내야 해야 할지 고맙다고 해야 할지 판단할 수 없었다. 그런데 마음은 점차 고맙다는 쪽으로 기울고 있었다.

"그동안 어떻게 지냈어?"

한슬이는 루시엘라의 표정을 살피면서 물었다.

"응. 나 요즘은 백마술을 배우고 있어."

"백마술? 그게 뭐야? 하얀 말을 타는 마법인가?"

루시엘라의 설명에 따르면, 마녀의 마법에는 흑마술과 백마술이 있다고 한다. 흑마술이란 말 그대로 악마의 힘을 빌려 사람에게 해로움을 끼치는 술법을 말하고, 백마술은 천사의 힘을 얻어 사람에게 도움을 주는 마법이다.

루시엘라는 마음이 여려 한슬이를 유혹하는 데 실패한 후, 마녀로서의 장래에 대해 고민에 빠졌었다. 그러다가 백마술에 관심을 갖고 배우는 중이라고 했다.

"보통 우리는 흑마술을 좋아하거든. 마녀라는 종족이 원래 흑마술을 하도록 태어났기 때문에 그게 배우기도 훨씬 쉽고 익숙하지. 하지만 나는 백마술을 제대로 배워 보려고. 컴퓨터나 인터넷을 이용해 백마술 프로그램도 만들 거야."

루시엘라가 뭔가 재미있는 것이 생각났다는 듯 생긋 웃었다.

"한슬아, 내가 너를 생각하면서 처음 개발한 백마술 프로그램이 있는데, 선물로 줄게."

루시엘라가 손가락을 튕기자 화면에 시계처럼 생긴 둥근 판이 나타났다.

"이게 뭐야? 게임인가?"

"절제 나침반이라고 하는 거야. 네겐 꼭 필요한 거야."

루시엘라의 절제 나침반은 일반 나침반처럼 생겼는데, 가운데에 빨갛고 하얀 바늘이 가로로 길게 누워 있었다.

"이 바늘이 한슬이가 목표를 이루기 위해서는 얼마나 절제해야 하는지를 나타내는 거야. 보통 나침반의 바늘이 북쪽을 가리키듯 이 바늘은 원래 위쪽을 향해야 해. 이렇게 바늘이 누워 있는 상태에서 시작해 네가 절제를 잘하면 빨간 부분이 점점 위를 가리키고, 반대로 방종하게 되면 아래로 떨어지는 거야."

"방종? 절제?"

의사 선생님에게 들어 어렴풋이 알기는 했지만 한슬이에게는 절제라는 말의 뜻이 확연하게 다가오지 않았다.

"한때는 즐겁지만 몸을 망치는 것이 방종이고, 평생을 알차고 가치 있게 살 수 있도록 만들어 주는 게 절제야."

루시엘라는 사탕을 예로 들었다. 사람의 일생을 사탕이라고 할 때, 당장의 달콤한 맛에 빠져 한번에 깨물어 먹는 것이 방종이고, 조금씩 녹여 가며 오래오래 단맛을 즐기는 게 절제라고 했다.

그러나 한슬이의 생각은 조금 달랐다.

'어째서 어른들이 좋다는 일들은 어린이 입장에서 보면 괴롭거나 귀찮은 것들일까? 규칙적이고 부지런한 생활, 건강에 좋다는 음식, 골치가 지끈거리는 공부…… 어린이들이 좋아하는 것, 하루 종일 해도 즐거운 일들은 어째서 모두 나쁘다고 하는 것인지. 게임, 만화, 맛있는 음식, 게으름 피우기…… 세상에는 아무리 해도 즐겁기만 하고, 결과도 좋은 일이 분명 있을 거야. 마치 달면서도 이에 좋은 자일리톨 껌처럼.'

한슬이는 자신의 생각을 주장하고 싶었다.

"하고 싶은 일을 다 하면서도 알차게 살 수 있지 않을까?"

"그런 건 없어. 사탕을 깨물어 먹거나 빨아 먹거나 둘 중 하나만 할 수 있는 거야."

"빨리 깨물어 먹고 나서 하나 더 먹으면 되지."

그대로 질 수 없는 한슬이였다.

"누구에게나 사탕은 한 알씩만 주어지는 거야. 실제 사람의 삶

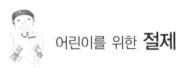

은 충전하면 계속 목숨이 늘어나는 게임이 아니란 말이야."

한슬이에게 살아가는 데 있어 절제가 필요하다는 걸 알려 준 사람은 의사 선생님이었다. 그러나 한슬이는 구체적으로 생활 속에서 어떻게 절제를 실천해야 하는지 몰랐다. 무조건 엄마나 선생님이 시키는 대로 생활하는 것은 아닌 게 분명했다.

만약 그렇다면 모든 어린이가 똑같이 살아야 한다는 말인가? 누군가 차근차근 설명해 주었으면 싶었다. 그러나 엄마도 선생님도 한슬이를 완전히 납득시켜 주지는 못했다. 그런데 동갑내기 루시엘라가 들려주는 절제에 대한 설명은 한슬이의 귀에 쏙쏙 들어왔다.

"절제에는 물건이나 음식을 적당히 조절하는 소비 절제, 시간을 허투루 쓰지 않는 시간 절제, 그리고 스스로 마음을 다스리는 감정 절제가 있어. 이 나침반이 너를 절제의 습관으로 이끌어 줄 거야."

루시엘라는 이렇게 결론을 맺었다.

"한슬아, 지금은 백마술을 처음 배우는 단계여서 전처럼 자주 찾아올 수는 없어. 하지만 그렇더라도 매일 이 나침반을 보며 내 생각해야 해."

이렇게 절제 나침반을 남기고 루시엘라는 떠나갔다.

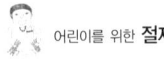

'막강 UCC 팀'은 분주해졌다. 동영상에 출연할 어른들이 속속 결정되었기 때문이었다. 미연이는 어릴 때 피아니스트를 꿈꿨던 엄마의 친구를 소개받았다. 한슬이의 아빠는 초등학교 교지에서 찾아낸, 영화배우가 꿈이었던 동창생의 연락처를 금방 알아내 주었다.

한슬이의 이야기에서 힌트를 얻은 필구는 학교 동창회를 통해 어릴 때 경찰관이 장래 희망이었던 졸업생 선배를 찾아낼 수 있었다.

동영상에 출연할 어른들의 신상 명세는 이랬다.

박신철(한슬이 아빠 초등학교 동창생, 41세)
어릴 때 장래 희망-영화감독, 현재 직업-피시방 운영

한종철(파랑초등학교 선배, 36세)
어릴 때 장래 희망-경찰관, 현재 직업-경찰관

구미진(미연이 엄마 친구, 37세)
어릴 때 장래 희망-피아니스트, 현재 직업-주부

한슬이는 내일부터 촬영이 시작된다는 생각에 마음이 들떴다. 셋이 함께하니 혼자서 할 때보다 훨씬 재미있고 일도 술술 풀렸다. 뭔가 새롭게 준비해야겠다는 마음으로 문방구에 들렀다. 일단 두툼한 수첩부터 한 권 골랐다. 선배들을 취재하고 촬영하다 보면 적어야 할 게 많을 것 같았다.

수첩의 신선한 잉크 냄새를 맡자 필기구도 새것을 사고 싶었다. 예쁜 필기구들이 많았다. 샤프펜슬, 볼펜, 색색의 사인펜을 고르다 보니 일곱 자루나 사게 되었다. 거기다 나오는 길에 진열대에 새로 걸린 게임 카드의 유혹을 뿌리칠 수 없었다. 그 바람에 아침에 받은 일주일 용돈을 거의 다 쓰고 말았다.

'내일부터 동영상 촬영이 시작되니까 그 핑계로 엄마한테 용돈을 더 받아야겠다.'

그날 저녁 컴퓨터를 켜니 바탕 화면 한가운데 자동으로 설치된 절제 나침반이 제일 먼저 눈에 들어왔다. 그런데 이게 웬일인가? 보람찬 하루였다고 자부했는데, 바늘은 오히려 원래보다 아래쪽으로 기울어 있는 게 아닌가?

'아차! 문방구.'

루시엘라는 절제 나침반 사용법을 설명할 때 이렇게 말했었다.

"사람이 살아간다는 것은 끊임없이 뭔가를 선택하는 일이라고 할 수 있어. 그런데 올바른 선택은 어려운 일이야. 하다못해 아이

스크림 하나를 살 때도 선뜻 고르지 못하고 망설이다가 냉장고 문을 오래 열어 둔다고 가게 아주머니에게 혼나기도 하잖아. 앞으로 어떤 결정을 내리기 전에는 하나, 둘, 셋! 이렇게 마음속으로 셋만 헤아려 봐. 그러면 훨씬 올바른 선택을 할 수 있어."

그러면서 루시엘라는 이 방법은 특히 소비 절제와 관련이 깊은 것이라고 했다. 안 쓰는 것이 아니라, 제대로 쓰는 것이 절제였다. 필요 없는 물건을 사지 않고, 필요 이상으로 많이 먹지 않는 것이 중요했다. 보통 사람들이 사는 물건의 반 이상이 실제로는 필요 없는 것이라는 조사 결과도 있다고 했다.

'루시엘라에게는 자신 있게 약속했는데 문방구에서 그만 하나, 둘, 셋을 까먹었네. 꼭 필요한 것은 수첩 한 권뿐이었는데.'

한슬이는 절제 나침반의 바늘을 위로 가게 만들기에는 자신이 아직도 멀었다고 느꼈다.

지나친 것이 모자란 것보다 못하다

천천히 먹어라. 빨리 먹으면 배가 가득 찼는데도 배부른 줄 모르고 과식하게 된다. 배가 포만감을 느낄 틈을 주면서 천천히 먹어야지.

학교를 마치고 집에 들렀다가 경찰서 앞에 나타난 필구는 난데없이 모자를 쓰고 있었다. 앞쪽은 물론 뒤에도 작은 챙이 있고 귀덮개를 위로 말아 묶은, 묘하게 생긴 체크무늬 모자였다.

"웬 모자냐?"

필구는 우쭐해하면서 설명해 주었다.

"명탐정 셜록 홈스가 썼던 것과 같은 모자야. 오늘 같은 날이 있을 줄 알고 오래전부터 준비해 두었던 거지."

뿐만이 아니었다. 필구가 메고 온 작은 가방 안에는 돋보기, 비닐봉지, 핀셋과 같은 탐정이 쓰는 도구가 들어 있었다. 어디에 쓰려는 것인지 장난감 권총도 한 정 들어 있었다.

"오늘 동영상 촬영하는 것도 중요하지만, 이왕이면 큰 사건이 터져서 내가 범인 잡는 데 활약할 수 있었으면 좋겠다. 한슬아, 좌우간 오늘의 주인공은 나니까 잘 찍어라."

한종철 선배는 사무실에서 '막강 UCC 팀' 삼총사를 만나자마자 악수를 청하더니 명함을 한 장씩 주었다. 한슬이는 세상에 태어나 처음으로 받아 보는 명함이었다. 왠지 어른 대접을 받는 것 같아서 기분이 좋았다. 명함에는 '파랑경찰서 생활안전과 여성청소년계 경위 한종철'이라고 쓰여 있었다.

"내가 어떻게 도와주면 되겠니?"

선배의 물음에 필구와 미연이가 동시에 한슬이를 쳐다보았다. 영화감독인 한슬이가 대답하라는 의미였다.

"그냥 평소에 하시던 일을 하시면 됩니다. 그러면 저희가 알아서 일하는 모습을 촬영하겠습니다. 그리고 맨 나중에 인터뷰 한 번 하겠습니다."

한슬이는 자기 생각대로 대답했다.

"크게 어려울 건 없구나. 촬영해선 안 될 사항은 내가 말해 줄

어린이를 위한 **절제**

게. 그때는 찍으면 안 된다. 그것 하나만 지켜 주면 된다."

"지금 보안 상황을 말씀하시는 겁니까?"

필구가 심각한 표정으로 끼어들었다.

필구는 경찰서에 왔다는 흥분에 약간 들떠 있었다. 한종철 선배는 귀엽다는 듯이 웃으면서 필구의 머리를 쓰다듬어 주었다.

"그럼, 지금 나가 봐야 하는데 너희들도 함께 가자."

"앗! 사건 현장에 가는 겁니까?"

필구가 바짝 다가서며 물었다. 선배는 대답 대신 웃으면서 앞장섰다. 선배를 뒤따라가며 필구가 한슬이에게 다가와 귓속말을 했다.

"극비 사항인가 보다. 큰 사건이면 좋겠는데, 살인 사건 같은."

처음 타 보는 경찰차에 올라 도착한 곳은 고등학교 교문 앞이었다. 거기에는 '웃는 청소년 밝은 세상'이라고 쓰인 노란색 어깨띠를 두른 고등학생 형들이 모여 있었다.

"자원 봉사 고등학생들이란다. 오늘은 청소년 선도 캠페인이 있는 날이거든."

선배는 경찰차에서 '청소년 범죄와 학교 폭력이 없는 세상을 만들어요'라는 제목의 작은 책자를 한 아름 꺼내 형들에게 나눠 주고 간단한 요령을 설명한 다음 거리로 나가 형들과 함께 지나가는 중고등학생들에게 책자를 나눠 주기 시작했다.

한슬이는 경찰차에 탈 때부터 선배의 모습을 빼놓지 않고 촬영했다. 미연이는 수첩에 뭔가를 계속 적고 있었다. 사건 현장이 아닌 것에 실망한 필구만 시큰둥한 얼굴로 그냥 서 있었다. 그렇게 두 시간가량 거리 캠페인을 하고는 다시 경찰서로 돌아왔다.

돌아오는 도중에 가게 두 곳에 들러 청소년에게 술이나 담배를 팔면 안 된다고 주의를 주었다. 경찰관은 범인을 잡거나 교통정리만 하는 줄 알았는데, 여러 가지 일을 한다는 생각이 들었다.

경찰서로 돌아오자, 선배는 삼총사에게 느낌을 물어봤다.

"경찰관이 그런 일까지 하는 줄은 미처 몰랐어요."

미연이도 한슬이와 같은 느낌을 받았던 것이다.

"범인은 언제 잡으러 가요?"

필구가 약간 볼멘소리로 물었다.

"마침 잘됐다. 지금 형사과에 가야 하는데 함께 가자. 그곳이 바로 범인 잡는 데니까. 대신 거기는 촬영하면 안 되니까 카메라는 여기 두고 가자."

필구와 한슬이는 신이 나서 따라갔다. 미연이는 무섭다면서 사무실에 남아 있었다.

형사과는 분위기가 사뭇 달랐다. 방문에 쇠창살이 있었는데 안에서 잠그도록 되어 있었다. 형사들의 책상 앞에는 사람들이 앉아서 조사를 받고 있었다. 그중에는 머리에 피가 밴 붕대를 감은 사람도 있었고, 수갑을 찬 사람도 있었다. 진짜 수갑을 보는 순간, 한슬이는 등골이 오싹했다.

한종철 선배는 형사과 사무실에서 중학생쯤으로 보이는 여학생 둘을 데리고 자신의 사무실로 다시 돌아왔다. 선배는 여학생들에게 이것저것 물으며 여학생들이 대답하는 내용을 컴퓨터에 일일이 기록했다. 주고받는 이야기를 들어 보니 음반 가게에서 CD를 훔치다 주인에게 들켜 잡혀온 중학생들이었다. 여학생들은 고개를 푹 숙이고 있었다.

"처음부터 훔칠 생각은 없었는데, 물건을 보는 순간 너무 갖고 싶었어요. 그래서 주인아저씨가 잠깐 나갔을 때 그만……."

여학생들은 울면서 말했다.

"잘못했어요. 한 번만 용서해 주세요."

조사를 마친 선배가 기록한 내용을 프린트하여 여학생들에게 보여 주었다. 그리고 여학생들의 손도장을 받는 것으로 확인을 마친 선배가 말했다.

"갖고 싶은 물건 없는 사람이 어디 있겠어. 다 참고 살아가는 거지. 주인이 없다고 그러면 되겠니? 그런 유혹의 순간을 잘 넘

 어린이를 위한 **절제**

겨야 하는 거야. 한순간의 잘못으로 감옥에 가는 사람이 얼마나 많은데. 순간을 못 참아서 CD 한 장에 인생을 망치고 싶어."

잠시 후, 담임선생님과 부모님이 와서 서류에 서명하고는 여학생들을 데려갔다.

"저 누나들, 집에 가서 죽었다, 오늘."

필구가 한숨을 쉬며 한슬이에게 속삭였다. 정말 한순간에 절제를 잃은 것이 이렇게 엄청난 결과로 이어지기도 하는 것이었다.

경찰서 마당에서 선배에게 여러 가지 포즈를 취해 달라고 부탁한 뒤 그 모습을 촬영하기도 했다. 필구는 준비했던 권총을 빼어 들고 선배와 기념 촬영을 했다. 그러고는 선배의 어린 시절 꿈과 지금의 생활에 대해 간단한 인터뷰가 이어졌다.

"나는 어릴 때부터 경찰관이 되는 게 목표였단다. 뚜렷한 목표가 있으니까 함부로 살 수가 없었다. 생각해 봐라. 목표가 분명하면 참는 것도 달콤한 거야. 가고 싶은 길이 있는데, 다른 데 눈 돌리겠어? 목표가 사람의 미래를 만드는 거야."

한슬이는 한종철 선배의 인터뷰를 촬영하면서 영화감독이라는 자신의 목표를 다시 한 번 머릿속에 새겼다. '목표가 분명하면 참는 것도 달콤하다'는 선배의 말이 귀에 쏙 들어왔다. 이제부터는 좀 더 멋진 영화감독이 되기 위해 그 꿈에 방해가 되는 유혹

을 견뎌 보겠다고 결심했다.

한종철 선배는 헤어지기 전에 삼총사를 분식집으로 데려가 떡볶이와 어묵을 사 줬다. 분주한 하루를 보낸 삼총사는 허겁지겁 배를 채웠다.

"녀석들, 체하겠다. 천천히 먹어라. 빨리 먹으면 배가 가득 찼는데도 배부른 줄 모르고 과식하게 된다. 배가 포만감을 느낄 틈을 주면서 천천히 먹어야지."

깨끗이 비어 있는 접시를 보고 놀라면서 선배는 더 먹겠냐고 물어봤다. 한슬이는 방금 선배가 한 이야기와 함께 '모자란 듯싶을 때 그만 먹는 게 좋은 거야'라는 말이 떠올랐다. 그건 병원에서 만났던 고혈압 뚱보 형이 해 준 말이었다.

"아녜요. 전 그만 먹을래요. 배가 불러 올 것 같아요."

필구와 미연이가 놀란 표정으로 한슬이를 바라보았다.

한종철 선배를 촬영한 테이프 내용을 컴퓨터로 옮기면서 한슬이는 이렇게 작업하는 것은 문제가 된다고 판단했다. 일단 찍고 나서 보자는 생각으로 촬영했기 때문에 총 분량이 한 시간을 넘었다. 사무실에서 일하는 모습, 다양한 포즈를 취한 장면, 거리에서의 캠페인, 인터뷰 화면, 심지어 떡볶이 먹는 모습까지 장면도 다양했다.

한종철 선배의 장편 다큐멘터리를 만든다면 모를까, 지금 목표로 하는 동영상을 생각하면 너무 여러 가지 내용이었다. 게다가 아직도 촬영해야 할 어른이 두 명이나 남아 있었다. 한슬이가 문제점을 이야기했을 때 필구와 미연이도 동의했다.

"그렇게 내용이 길면 컴퓨터 용량도 문제가 될 거야. 좋은 화면을 골라내기도 힘들 테고."

미연이가 염려스럽다는 표정으로 말했다.

"그럼 다른 사람들은 포기하고 한종철 선배랑 내 이야기만 다루는 건 어떨까? 명탐정의 꿈이 현실로. 내가 선배님이랑 탐정을 꿈꿨던 어린 시절에 대해 이야기하는 거 살리고. 내가 임시 특별 형사가 되어 선배님과 함께 범인 잡는 모습을 연출하는 거지. 보충 촬영만 다시 하면 될 것 같은데. 어때?"

필구에게는 감정 절제가 필요했다. 너무 흥분한 나머지 앞뒤 살피지 않고 말하는 것이었다. 전 같으면 한슬이도 필구에게 지지 않으려고 한바탕 법석을 떨었을 테지만, 지금은 빙긋이 웃으며 말할 수 있었다.

"너무 욕심내지 말자고. 감당도 못하면서, 일을 크게 벌이는 건 위험해."

한슬이는 선배와 함께 출연하겠다는 필구의 말에서 중요한 힌트를 하나 찾아냈다. '막강 UCC 팀' 세 명과 어릴 때의 꿈이 같은 어른들을 짧게 번갈아 보여 주면 좋겠다는 생각이 바로 그것이었다. 그전에는 단지 셋의 꿈을 골고루 다뤄야 한다는 생각만 했던 것이다. 이러한 한슬이의 의견에 미연이도 찬성했다.

"같은 꿈을 가지고 같은 학교에서 공부했던 어른과 어린이가 함께 나오는 것만으로도 멋있지 않을까?"

미연이가 조심스럽게 자기 의견을 말했다.

"그래도 너무 시시하잖아. 나와서 뭐라고 그래?"

필구는 아직도 임시 특별 형사에 미련이 있어 보였다.

"그냥 담담한 화면에 솔직한 이야기 한마디씩만 해도 충분하지 않을까? 광고에도 종종 그런 게 있던데. 흑백 사진에 음악이 흐르다가 사람이 제일입니다, 이런 식으로 한마디!"

역시 미연이었다.

"절제된 화면에 진솔한 카피! 훌륭한 콘셉트야!"

한슬이는 최근에 인터넷 영화 사이트에서 배운 어려운 말을 써 가며 미연이 의견에 동의했다. 미연이의 아이디어가 한슬이 마음에도 딱 들었다. 그러자 필구도 더 이상 임시 특별 형사를 고집하진 않았다. 그렇게 해서 영상의 방향은 정해졌다.

이렇게 미리 정확한 방향을 정하면 보다 효율적으로 촬영할 수 있을 것이다. 딱 필요한 장면만 찍으면 되기 때문에 짧은 시간에 보다 멋있는 영상을 얻어 낼 수 있다. 당연히 촬영 테이프의 길이도 짧아져 컴퓨터로 옮기고 나서도 용량이 커서 문제가 되지는 않을 것이다.

'목표가 정확하면 참는 것도 달콤한 거야. 가고 싶은 길이 있는데 다른 데 눈 돌리겠어?'

한슬이는 한종철 선배가 했던 말이 다시 떠올랐다. 큰 일이나 작은 일이나 우선 목표를 정확히 세우는 게 중요하다는 걸 다시 한 번 느꼈다. 영상 제작에서도 목표가 분명해지자 촬영도 편집도 간편해졌다.

절제 나침반을 보니 바늘의 빨간 끝이 한눈에 알아볼 정도로 위를 향해 있었다. 한슬이는 기분이 좋았다. 회의할 때나 분식집에서나 한 번 더 생각하고 결정한 것이 제대로 평가를 받은 것 같았다. 그러나 바늘이 똑바로 서려면 아직도 한참 남아 있었다.

한슬이는 서두르지 않고 하루하루 목표를 세우고 절제를 실천해 나가다 보면 그리 먼 길이 아닐 것이라 생각하며 가벼운 마음으로 잠자리에 들었다.

지나친 것이 모자란 것보다 못하다

참는 것도 달콤한 거야

그만큼 무엇이든 제대로 하려면 꾸준히 해야 해.
다른 곳에 시간을 빼앗길 틈이 없는 거지.

"새로 나온 게임 카드를 몇 장이나 살까? 하나, 둘, 셋!"

"오락기에 동전을 더 넣을까 말까? 하나, 둘, 셋!"

한슬이는 요즘 무언가 선택하기 전에 하나 둘 셋을 헤아리며 나침반에게 물어보는 버릇이 생겼다.

마치 백설 공주의 계모에게 있다는, 말하는 요술 거울을 머릿속에 갖고 있는 것 같았다. 물론 그렇게 한다고 해서 절제 나침반이 대답해 주는 것은 아니었다. 한슬이 스스로에게 묻고 대답하는 것이었다.

 어린이를 위한 **절제**

잠자리에 들기 전에 절제 나침반을 보면 언제나 나침반 바늘의 각도가 변해 있었다. 바늘이 아래쪽으로 기울어진 날은 반드시 낭비한 기억이 있었다. 바늘이 조금이라도 위로 올라간 날은 마음이 뿌듯했다. 자연히 결정을 내리기 전에 셋까지 헤아리는 버릇이 생겼다. 선택은 신중해졌고, 실수가 줄었다.

'막강 UCC 팀' 삼총사가 피아니스트가 꿈이었던 구미진 아주머니를 촬영하러 가는 날이었다.

이번에는 미연이가 주인공이었다. 수업이 끝나고 촬영 장비를 챙기기 위해 동아리 교실에 모였을 때 미연이는 잠깐 회의를 먼저 한 뒤 출발하자고 했다.

"저번에 경찰서 촬영을 해 보니까 미리 준비해 가면 여러모로 좋을 것 같아 내가 집에서 만들어 온 거야."

이렇게 말하면서 미연이는 한슬이와 필구에게 A4 크기의 종이를 한 장씩 나누어 줬다.

"이게 뭐야?"

필구가 받자마자 물었다. 그것은 한 페이지를 여덟 단으로 나누어 촬영할 내용을 정리한 것이었다.

"오늘 촬영할 내용을 정리한 거야."

장면 1

- 검은 화면이 밝아 온다. 구미진 아줌마와 미연이 피아노 치는 손 가까운 거리에서 촬영

장면 2

- 얼굴 마주 보며 피아노 치는 아줌마와 미연이 모습 촬영

장면 3

- 미연이 얼굴 클로즈업, 말하는 미연이 모습 촬영
- 대사 : 어릴 때부터 피아노를 치면 시간이 빨리 갔습니다. 음악을 연주하며 세계 여행을 하고 싶습니다.

장면 4

- 피아노 치는 미연이 사진들 스캔
- 유치원 때부터의 사진들(피아노 치는 모습)

 어린이를 위한 **절제**

장면 5

- 구미진 아줌마의 초등학교 시절 사진들이 보임

장면 6

- 밝게 웃는 구미진 아줌마의 모습 촬영
- 대사 : 연주회 한 번 열어 본 일도 없지만 저는 영원한 피아니스트입니다.

장면 7

- 다시 피아노 앞에서 웃고 있는 아줌마와 미연이

장면 8

- 피아노 치는 아줌마와 미연이의 모습을 멀리서 촬영, 화면 까맣게 변한다

미연이가 겸연쩍기도 하고, 조금은 우쭐하기도 한 표정으로 말했다.

"집에서 미리 콘티를 그려 봤어."

"우와, 멋진데! 이거 진짜 네가 만든 거니?"

필구가 벌린 입을 다물지 못했다.

"저번에 동아리 활동 때 선생님에게 배운 대로 만들어 본 거야. 프린트 교재에 견본도 있었잖아."

미연이가 수줍음과 자랑스러움이 섞인 표정으로 대답했다.

"이대로만 하면 정말 멋진 영상이 되겠는걸."

한슬이도 감탄을 아끼지 않았다.

그럴 만했다. 이 콘티만 보면 미연이 머릿속에 어떤 동영상이 들어 있는지, 또 무엇을 촬영하고 어떻게 편집해야 하는지도 바로 알 수 있었다. 컴퓨터 동아리에서 UCC 영상 제작을 배울 때 선생님이 전문 감독들은 촬영하기 전에 그림 콘티를 만든다면서 실습도 했었지만 한슬이는 귀담아듣지 않았었다. 그런데 미연이가 그것을 혼자 힘으로 해낸 것이었다.

한슬이는 미연이가 대단해 보였다. 또 한편으로 항상 말로만 영화감독이라고 까불던 자신이 부끄러워졌다.

"인터넷에서 콘티를 찾아보니까 참고할 만한 것들이 많더라

어린이를 위한 **절제**

고. 이 부분은 내가 주인공이어서 한번 만들어 봤어. 남의 집에서 촬영하는데 우리가 준비를 못해 가는 바람에 시간을 끌면서 피해를 주면 안 되잖아."

미연이는 자기 혼자 작업한 것이 마음에 걸리는지 설득하는 표정으로 말했다.

"그런데 막상 가서 보니까 문제가 생겼을 땐 어떻게 하지? 구미진 아줌마가 어릴 때 피아노 치는 사진을 찍어 둔 게 없을 수도 있잖아. 그리고 아줌마의 대사 내용이 사실과 다를 수도 있고."

한슬이가 경험을 살려 예리하게 질문했다. 지난번 게임 영상을 만들 때 시나리오대로 촬영하는 것이 어려웠던 상황이 여러 번 있었기 때문이었다.

"사실은 내가 먼저 구미진 아줌마를 만나 봤어. 촬영할 곳도 미리 다 봐 두었고, 내용도 아줌마랑 의논해서 정한 거야."

"배신자! 혼자 그러는 게 어디 있어?"

필구가 자리에서 벌떡 일어나며 소리쳤다.

"저번에 경찰서에서 촬영할 때 보니까 너무 계획이 없어서 막막하더라고. 나는 특별히 할 일도 없고 말이야. 그래서 한번 준비해 본 거야. 너도 우리한테 말 안 하고 탐정 모자니 돋보기 같은 걸 챙겨 왔잖아? 마찬가지지 뭘 그래?"

역시 필구는 미연이의 적수가 될 수 없었다. 필요 이상으로 흥분했던 필구는 뒤통수를 긁적이며 다시 앉았다.

"자, 그리고 이건 촬영 계획표야. 내 생각에는 이대로 하면 될 것 같아. 빠진 게 있는지 한번 봐 봐."

미연이가 내민 수첩에는 이렇게 적혀 있었다.

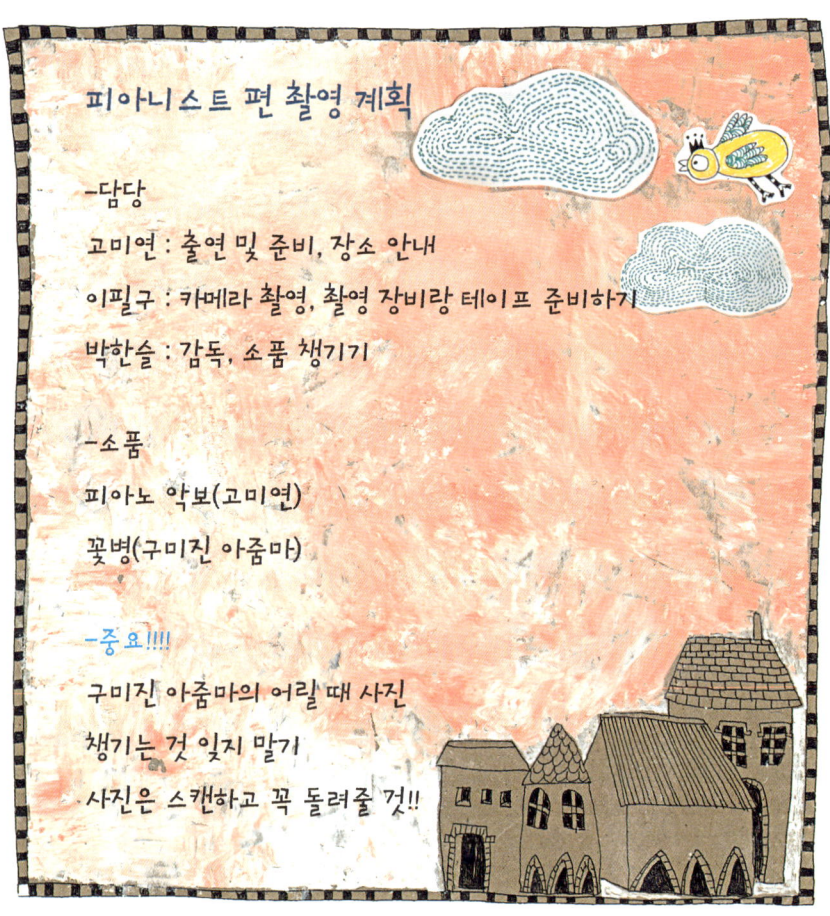

피아니스트 편 촬영 계획

-담당
고미연 : 출연 및 준비, 장소 안내
이필구 : 카메라 촬영, 촬영 장비랑 테이프 준비하기
박한솔 : 감독, 소품 챙기기

-소품
피아노 악보(고미연)
꽃병(구미진 아줌마)

-중요!!!!
구미진 아줌마의 어릴 때 사진
챙기는 것 잊지 말기
사진은 스캔하고 꼭 돌려줄 것!!

나무랄 데 없는 계획서였다. 한슬이는 미연이가 똑똑한 줄은 알았지만 이 정도까지인 줄은 몰랐다. 영화감독이라고 뽐냈던 자신이 무색할 정도였다.

"이번에는 필구가 카메라를 잡고, 한슬이가 감독을 하는 게 좋을 것 같아. 저번에 경찰서에서는 감독이고 뭐고 없었지만 말이야. 영화감독 한슬이의 실력을 믿어 볼게."

이 말 한마디에 한슬이는 조금 전에 느꼈던 무색함이 스르르 사라졌다. 전에 없이 미연이가 고맙고 예뻐 보였다.

미연이가 워낙 꼼꼼히 준비한 덕분에 구미진 아주머니와의 촬영은 매끄럽게 진행되었다. 구미진 아주머니의 피아노가 있는 넓은 거실이 촬영장이었다. 미연이 말대로 필구가 카메라를 잡았고, 한슬이가 감독을 맡았다.

모든 장면을 촬영 들어가기 전에 한두 번 미리 연습했다. 원하는 분위기가 만들어지면 본격적으로 촬영을 시작했다. 한슬이는 언젠가 텔레비전 다큐멘터리에서 보았던 영화감독들의 말투를 흉내 내며 촬영을 진행해 나갔다.

"자, 좋습니다. 지금 리허설대로만 해 주세요."

"카메라, 준비되었죠?"

필구에게 하는 말인데도 존댓말로 하니까 진짜 감독이 된 것 같은 기분이 났다.

필구도 본격적으로 카메라를 다뤄 보는 것에 흥분한 듯 웃지도 않고 대답했다.

"예, 감독님. 카메라 준비되었습니다."

"자, 카메라 큐!"

필구가 카메라를 돌리기 시작했다. 이제는 연기자들에게 신호를 보낼 차례였다.

한슬이는 피아노 앞에 앉은 구미진 아주머니와 미연이를 향해 100미터 달리기 심판처럼 팔을 높이 들고 손가락을 꼽으며 헤아렸다.

"자, 5초 전, 4초 전, 스리, 투, 원, 큐!"

한슬이의 시작 신호를 받은 아주머니와 미연이가 음악을 연주하기 시작했다. 감미로운 피아노 소리가 실내에 울려 퍼졌다. 필구는 카메라를 잡은 채 왼쪽 소매로 이마의 땀을 찍어 냈다. 한슬이는 신경을 곤두세운 채 녹화되고 있는 화면을 뚫어져라 확인했다. 작은 소리도 놓치지 않으려고 온 신경을 집중했다.

"컷!"

한슬이가 외치자 필구는 카메라를 멈췄고, 미연이와 아주머니도 연주를 그쳤다.

"아쉽네요. 다 좋았는데 밖에서 나는 오토바이 소리가 섞여 들어갔어요. 한 번만 다시 가겠습니다."

이런 방식으로 계획했던 장면들을 하나하나 소화해 나갔다. 큐와 컷을 외치는 한슬이의 목소리가 반복되면서 모든 것을 두 시간 만에 끝낼 수 있었다. 어떻게 지나갔는지도 모르게 금방 흘러간 두 시간이었다. 그만큼 촬영에 집중하면서 몸과 마음도 행복했다. 중간에 아무도 쉬었다가 하자는 말을 하지 않은 걸 보면 그곳에 있는 사람 모두 똑같은 느낌을 받은 것이 틀림없었다.

"너희들 정말 열심히 하는구나. 나도 피아노를 치면 시간 가는 줄 모르는데, 한슬이도 정말 촬영에 몰두하던걸. 그대로 공부하면 틀림없이 훌륭한 영화감독이 될 거야. 지금부터 틈틈이 관심을 갖고 공부해 봐. 영화도 많이 보고 책도 많이 읽어야 할 거야."

촬영이 끝나고 과일을 깎아 주면서 구미진 아주머니는 한슬이에 대한 칭찬을 아끼지 않았다.

"나는 피아노를 배우고부터 하루도 연습을 거른 날이 없어. 피아노 치는 사람들에게는 이런 말이 있어. 연습을 하루 거르면 하느님만 아시고, 이틀 거르면 자기 자신이 느껴지고, 3일 거르면

온 세상이 다 안다. 그만큼 무엇이든 제대로 하려면 꾸준히 해야 해. 다른 곳에 시간을 빼앗길 틈이 없는 거지."

한슬이는 미연이가 철저히 준비해 온 것이 촬영을 제대로 끝내는 데 얼마나 큰 도움이 되었는지 절실히 느낄 수 있었다. 어느 누구도 시간을 헛되이 보내지 않고 즐겁고 보람되게 촬영을 마쳤던 것이다. 한슬이는 자기가 주인공이 될 다음 촬영은 스스로 미리 준비를 해 보리라 마음먹었다. 그렇게 생각하자 우물쭈물할 시간이 없었다. 어서 빨리 콘티도 만들고 계획도 세워야 했다.

원래는 촬영이 끝나면 오락실에 가기로 필구와 약속이 되어 있었지만 갑자기 가기가 싫어졌다. 빨리 준비하고픈 마음에 오락이 재미없게 느껴졌다. 오락실에서 한두 시간 보내는 게 아깝게 느껴졌다. 두 시간이면 아까처럼 멋진 촬영도 할 수 있는 소중한 시간이었다.

"필구야, 오락실에는 다음에 가자. 나도 집에 가서 다음 촬영 준비를 해야겠어."

필구도 미연이의 콘티와 계획표에 자극을 받았는지 두말 없이 고개를 끄덕였다.

집에 돌아오는 발걸음이 가벼웠다. 그렇게 좋아하는 오락실을 포기하고 가는 길인데도 머릿속은 하늘을 날아갈 듯 가벼웠다.

'목표가 분명하면 참는 것도 달콤한 거야.'

경찰관 한종철 선배가 했던 말의 의미를 이제야 확실히 알 수 있었다.

내 블로그 | 이웃 블로그 | 모두의 블로그 | 바로가기 LogOut

루시엘라의 블로그

tags | guest

prologue | biog | photolog

http//www.luciella.co.kr

태연한 척 했지만 오랜만에 한슬이를 만나는 내 가슴은 두근거렸다.
백마술을 배우면서 열심히 만든 나의 작품 절제 나침반을 선물했다.
절제 나침반은 생각보다 성능이 좋았다. 아무렴 누가 만든 프로그램인데.

 루시엘라 (luciella)

프로필 ▶ 쪽지 ▶ 친구추가 ▶

또 질렀구나, 박한슬.
절제 나침반이 네가 무슨 짓을
했는지 알려줄 것이다.

한슬이가 경찰서에 가 볼 기회가 생겨서
잘됐다. 잠깐 절제심을 잃은 것이
때로는 무서운 결과로 이어질 수
있다는 것을 알았겠지?

한슬아,
절제를 익혀가는 네가 자랑스러워.
네 꿈이 이루어질 거야.

덧글 18개 | 엮인글 쓰기

1 | 2 | 3 | 4 | 5 | 6 | 7 | 8 | 9 | 10 | 다음 ▶

스스로 이겨 내는 힘_절제

PART 4

꿈을. 이루어 주는..
절제의. 힘..

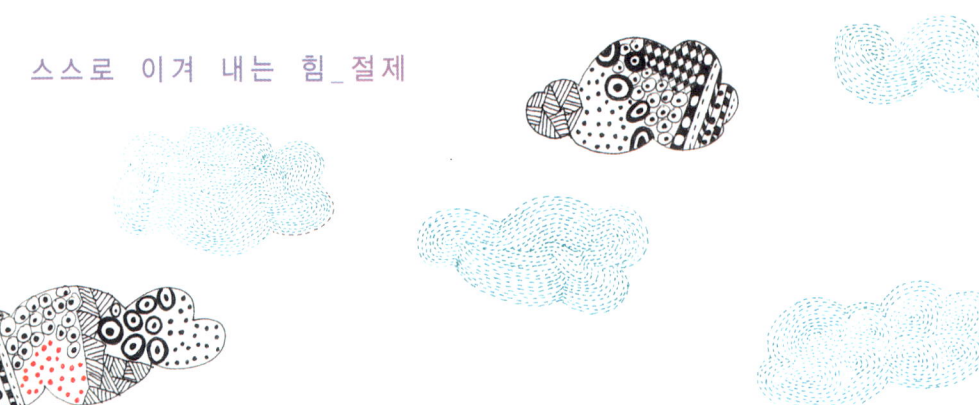

하지 말라는 것이 절제가 아닙니다. 알맞게 하고 스스로
멈출 수 있는 힘이 바로 절제이지요. 절제는 우리의 몸과
마음을 고르게 키워 줍니다. 몸과 마음이 튼튼해야 꿈을
제대로 이룰 수 있어요.
절제를 통해 몸과 마음을 키우고, 꿈을 이루기로 해요.

시간은 기다려 주지 않는다

> 네가 좋아하는 게임을 할 때는 시간이 빨리 가지, 그리고 재미있지? 그럴 때 진짜 자기 자신은 그 자리에 머물러 있는 거야.

사방에 물만 보이는 바다에 쥐 한 마리를 떨어뜨리면 두 시간 정도 허우적거리다가 결국 죽는다. 그런데 헤엄쳐서는 도저히 갈 수 없는 먼 거리일지라도 섬이 보이면 쥐는 그곳을 향해 다섯 시간이나 헤엄을 친다.

한슬이는 영화감독이 되겠다는 인생의 커다란 목표와, 그 첫걸음으로 이번 공모전에 멋진 동영상을 만들겠다는 눈앞의 목표를 스스로 정했다.

'인생이란 넓은 바다에서 드디어 나만의 섬을 발견했다.'

어린이를 위한 **절제**

한슬이는 자신의 느낌을 이렇게 말로 표현해 보았다. 하고 보니 왠지 어른스러운 것 같고 멋있었다. 그래서 공책 표지마다 이 말을 적어 놓았다.

"필구야, 미래의 영화감독이 생각하기에 미연이는 대중성이 좀 부족한 것 같아. 대중성이 부족하다는 건 영화계에서 쓰는 어려운 말인데, 아이들과 쉽게 어울리지 못한다는 말이지."
우선 이렇게 말끝마다 영화감독을 갖다 붙이는 습관이 생겼다.
"한슬 군, 미래의 셜록 홈스가 추리해 보건대, 미연 양에게는 대중성이 없어도 상관없어. 왜냐면 나의 의뢰인인 미연 양은 장래 희망이 피아니스트인데, 예술가는 좀 도도해야 하거든. 영화배우보단 수준이 높은 성격이라고나 할까?"
필구도 한슬이를 따라 요즘은 스스로를 '미래의 셜록 홈스'라고 부르길 좋아했다.
게임만 하던 인터넷에서 영화에 관한 사이트를 들락거리기 시작한 것도 목표가 생긴 이후 일어난 변화였다. 그곳에 실린 영화에 관한 글도 읽어 보았다. 어른들을 상대로 한 내용이어서 무슨 말인지 전부 알 수는 없었지만 자꾸 읽다 보니 그런대로 읽을 만했다. '대중성'이란 말도 거기서 배운 말이었다.

"세상의 온갖 더러운 사건을 해결하는 탐정보다 영화감독이야말로 얼마나 고상한 직업이냐?"

한슬이는 이 말을 근거로 필구 앞에서 뽐내기도 했다.

세상의 모든 것을 다루는 영화감독이 무식하면 안 된다는 생각에 학교 수업도 전보다 귀담아듣기 시작했다. 무엇보다 가치 없어 보이는 일에 시간이나 돈 쓰는 일이 눈에 띄게 줄어들었다.

"UCC를 만들기 시작하면서 우리 한슬이가 아주 딴사람이 되었네. 공부도 열심히 하고 군것질도 줄어들었고. 살도 이젠 알맞게 빠지고, 키도 많이 컸어."

엄마는 한슬이 키를 재고 벽에 표시하면서 대견해했다. 1학년 때부터 키를 재어 표시한 눈금이 정말 불쑥 자라 있었다. 그뿐만이 아니었다. 아무도 모르는 한슬이만의 눈금인 절제 나침반에서도 바늘은 이제 거의 똑바로 서 있게 되었다. 아래쪽으로 향하는 일은 좀처럼 없었다.

그저 살을 5킬로그램 빼야겠다는 당장의 눈에 보이는 목표만 세웠을 때에는 그 목표에 도달하기가 어려웠었다. 먹고 싶은 것을 참을 때마다 고통스러웠다. 게다가 한번 식탐의 유혹에 빠지고 나면 '에라 모르겠다'는 생각에 목표 자체가 무너져 버리기 일쑤였다. 그런데 목표를 먼저 세우고, 그 목표를 이루려면 뚱보가

되어서는 곤란하다고 생각하자 살 빼는 것도 그리 어렵지 않았다. 그리고 한두 번 과식해도 그길로 포기하지 않고 다시 도전하게 되었다. 한슬이는 절제를 위해선 목표가 중요하다는 것을 깨달았다.

한슬이는 촬영을 이틀 앞두고 영화감독이 꿈이었던 박신철 아저씨를 찾아갔다. 미연이처럼 미리 모든 것을 준비해 두고 싶었다. 박신철 아저씨가 주인으로 있는 시네마 피시방은 학교에서 버스로 다섯 정거장 떨어진 동네의 건물 2층에 있었다.

"어서 와라. 네 아버지한테 이야기는 자세히 들었다. 이렇게 재미있는 일에 나를 끼워 줘서 고맙구나."

선배는 털북숭이 팔로 한슬이의 양어깨를 잡아 주며 반겨 맞았다. 다행이었다. 사실 한슬이는 약간 걱정되는 바가 있었다. 왜냐하면 박신철 아저씨는 어릴 때의 꿈이 영화배우이긴 했지만 지금은 영화와는 전혀 상관없는 일을 하고 있기 때문이었다.

경찰관 선배와 같이한 필구나, 함께 피아노 치는 모습을 연출한 미연이에 비해 한슬이는 피시방 주인아저씨와 영화감독이란 꿈에 대해 어떻게 풀어 가야 할지 막막하기만 했었다. 그런데 반갑게 맞아 주는 아저씨를 보니 왠지 느낌이 좋았다.

한슬이는 우선 필구와 미연이가 먼저 촬영한 내용을 간단히 설명했다. 그리고 자기의 고민을 털어놓으려고 했다.

"조금 고민되는 것이, 탐정이 꿈인 필구는 경찰관 선배를 만났는데……."

여기까지 말했을 때 아저씨가 말을 끊었다.

"내가 영화감독이 아니라서 고민이구나. 하하하."

한슬이의 고민을 알겠다는 듯 아저씨는 호탕하게 웃었다.

"내 생각엔, 너희들이 만드는 작품 전체를 위해 오히려 잘된 것 같은데."

한슬이는 아저씨의 말이 얼른 이해되지 않았다.

"한번 생각해 봐라. 세 분야 모두 꿈을 이룬 사람들만 나오면 너무 시시하지 않을까? 꿈을 이룬 경찰관, 살림을 하면서도 건반에서 손을 뗀 적이 없는 주부, 그리고 영화감독이랑은 거리가 먼 피시방 주인, 이렇게 다양하게 나와야 더 볼 만한 영화가 되는 것 아닐까?"

한슬이네가 만드는 동영상을 '영화'라고 말해 준 사람은 박신철 아저씨가 처음이었다. 그것도 감격스러운데, 듣고 보니 아저씨의 말도 일리가 있었다.

"정말 그렇군요. 역시 영화감독을 꿈꿨던 분이라 다르신데요."

한슬이는 진심으로 말했다. 갑자기 아저씨에게 모든 것을 맡기며 도와달라고 부탁하고 싶은 마음까지 일었다.

"이렇게 하는 게 좋겠다. 내가 어릴 때부터 지금까지 살아온 이야기를 쭉 해 줄 테니까 네가 잘 듣고 작품에 대한 영감을 떠올려 봐라. 감독은 너니까, 내가 해 줄 수 있는 부분은 거기까지인 것 같은데."

'작품에 대한 영감'이라는 멋진 말에 한슬이는 황홀해졌다.

'그래, 내가 감독이니까 스스로 풀어 나갈 수밖에 없는 거야.'

똑같은 경험을 해도 남보다 재미나게 이야기를 풀어 나갈 줄 아는 사람이 있다. 박신철 아저씨가 바로 그런 사람이었다. 아저씨가 살아온 이야기는 옛이야기처럼 재미있었다.

아저씨는 어려서부터 놀기 좋아하는 말썽꾸러기였다. 아저씨가 어렸을 때에는 영화감독이 지금처럼 사회적으로 존경받는 직업이 아니었다고 했다.

"초등학교 때 취권이라는 무협 영화를 봤는데 너무 재미있는 거야. 같은 자리에서 연달아 두 번을 봤는데도 극장을 떠날 수가 없을 정도였으니까. 그 영화의 인기가 어찌나 대단했던지 이튿날부터 남자 아이라면 모두들 성룡의 무술을 흉내 내면서 다녔지. 그런데 나는 문득 무술 고수보다는 그렇게 재미난 영화를 만드는 감독이 되고 싶다는 생각을 하게 된 거야."

그런데 말이라는 것에는 묘한 힘이 있었다. 영화감독이 되겠다고 버릇처럼 이야기하다 보니 고등학교를 졸업한 뒤에는 정말 영화 업계에서 일하게 되었다.

"자기가 원하는 목표가 있을 땐 여러 사람에게 알리는 게 좋아. 그래야 자주 떠올리게 되고 다른 사람들로부터 자극을 받고, 또 도움도 받을 수 있거든. 또, 사람들에게 떠들어 놓은 게 있으니까 다른 유혹을 참는 힘도 생기지."

아저씨는 평소 영화감독이 되고 싶어 한다는 걸 알고 있던 친척의 소개로 영화 현장에서 일하게 되었다. 영화 제작 현장에는 허드렛일이 많았다. 촬영장에서 잔심부름도 하고, 물건도 나르고, 구경꾼들도 조용히 시키면서 세월이 지나갔다.

"한때는 정말 신났단다. 돈은 많이 못 벌어도 영화에서나 보던 배우들을 매일 가까이서 볼 수 있었지. 또 촬영이 끝나면 사람들이랑 몰려다니며 노느라 시간 가는 줄 몰랐지. 어딜 가든 영화 촬영장에서 보고 들은 이야기를 하면 인기가 많았거든."

그러던 어느 날, 박신철 아저씨는 자기는 그 자리에 그대로 있는데 세월은 어느새 한참 먼저 달려갔다는 것을 느꼈다.

"같이 일하던 친구가 정식으로 조감독이 된 거야. 조감독은 감독 다음으로 높은 자리거든. 노는 자리에서도 항상 적당할 때 일어나서 먼저 집에 들어가곤 했던 친구였지. 내가 일을 마치고 정신없이 노는 동안 그 친구는 혼자 시간 아껴 가며 기술을 배우고 공부도 한 거지. 얼마든지 있을 것 같은 시간이 사실은 굉장히 빨리 흐르는 것이더라고."

박신철 아저씨는 그 일이 계기가 되어 영화 촬영장을 떠나게 되었다고 했다. 더 이상 일이 신나지 않았고, 다른 분야에서 다시 출발하고 싶었다고 했다.

"예를 들면 두 아이가 매일 똑같은 용돈을 받는데, 한 사람은 매일 조금씩 저금한 거지. 또 한 사람은 '내일 또 용돈이 생기니깐 괜찮아' 하면서 매일매일 군것질을 한 거였고. 세월이 한참 지나 저금했던 아이는 자기 힘으로 원하는 것을 살 수 있게 되었어. 옆에서 그 모습을 본 아이는 부러움에 앞서 너무 부끄러웠던 거야."

영화 일을 그만둔 아저씨는 길거리 행상부터 시작해 온갖 장사 일을 거치며 오늘에 이른 것이라고 했다.

"너도 네가 좋아하는 게임을 할 때는 시간이 빨리 가지, 그리고 재미있지? 그럴 때 진짜 자기 자신은 그 자리에 머물러 있는 거야. 잠시 쉬는 것 이상으로 재미에 빠지면 시간은 기다려 주지 않고 앞서 가는 거야. 그렇게 한번 놓친 시간은 쫓아갈 수 없어. 맛있는 음식, 달콤한 잠, 신나는 게임, 재미있는 만화, 이런 것들은 모두 필요한 것이지만 적당할 때 스스로 멈출 수 있어야 의미가 있는 거야."

박신철 선배는 피시방에서도 특히 어린 손님들이 너무 오랫동안 게임에 빠져 있으면 타일러 보낸다고 했다. 처음엔 기분 나쁘게 생각했던 손님들도 시간이 지나면 고맙게 생각해 오히려 단골이 된다고 했다.

"그러면 지금은 영화하고는 전혀 관계없이 사시나요?"

한슬이는 마지막 질문을 던졌다.

"아니, 그렇진 않단다. 사실은 피시방을 하기 전에 비디오테이프 대여점을 했었지. 하하하."

박신철 아저씨는 보여 줄 것이 있다면서 이야기를 나누고 있던 카운터 반대편으로 한슬이를 이끌고 갔다. 거기에는 '시네마 테이블'이라 표시된 넓은 자리가 몇 개 있었고, 좌석에는 컴퓨터 옆에 카메라나 비디오 플레이어 같은 영상 장비들이 설치되어 있었다.

"요즘은 피시로 영상을 편집하는 사람들이 많아져서 우리 집이 아주 인기란다. 그리고 나도 주말이면 경치도 촬영하고, 때로는 결혼식이나 돌잔치 같은 것을 의뢰받아 디브이디로 만들어 주고 있지. 어쨌든 감독이 된 거지. 꿈은 영원히 사라지지 않는단다. 하하하."

그때 누군가 한슬이의 어깨를 툭 쳤다.

"한슬아!"

돌아보니 필구가 그곳에 씩 웃으며 서 있었다.

"어? 네가 웬일이야?"

필구가 어디 가냐고 꼬치꼬치 물어서 대답해주기는 했지만 이렇게 찾아올 줄은 몰랐던 것이다.

"안녕하십니까? 이필구라고 합니다."

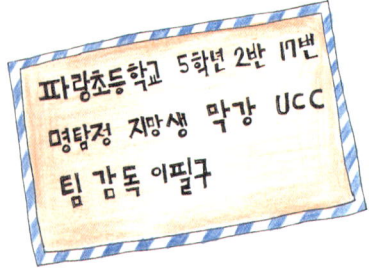

필구는 넉살 좋게 박신철 아저씨 앞으로 나서며 난데없이 명함을 쑥 내밀었다.

'파랑초등학교 5학년 2반 17번, 명탐정 지망생, 막강 UCC 팀 감독, 이필구'

명함에는 이렇게 적혀 있었다. 도화지에 프린터로 인쇄한 명함이었다. 아마 경찰서에서 한종철 선배에게 명함을 받았을 때 힌트를 얻어 만들었을 것이다.

"여기 감독이 또 한 명 나타났네."

명함을 읽어 본 박신철 선배가 재미있다는 표정을 지으며 필구

어린이를 위한 절제

에게 물었다.

"예. 제가 진짜 감독입니다. 한슬이는 출연자고요."

필구는 자기 물건이라도 되는 듯 테이블 위의 카메라를 만지작거리며 자신 있게 말을 이어 갔다.

"와, 이거 최신 모델이네요. 해상도가 어떻게 되지요?"

필구가 카메라에 관심을 보이자 박신철 아저씨도 기특하게 여긴 듯 이것저것 설명해 주었다.

"여기서 촬영할 때 이 카메라 좀 빌려 주시면 안 되겠습니까? 저희 카메라는 좀 오래된 모델이라서요. 이걸로 찍으면 훨씬 세련된 영상을 잡아낼 수 있을 것 같은데요."

필구는 박신철 아저씨와 촬영에 대해 본격적으로 이야기를 나누기 시작했고, 아저씨도 고급 카메라를 알아봐 주는 필구가 반가운지 테이프까지 넣어 작동시켜 가며 카메라에 대해 열심히 설명했다.

옆에서 지켜보고 있던 한슬이는 기가 막혔다. 불쑥 나타난 필구가 마구 잘난 척하면서 자신이 주인공인 듯 설쳐 대는 것 아닌가? 그렇다고 아저씨 앞에서 따져 물을 수도 없었다. 필구와 아저씨는 이제 컴퓨터까지 카메라에 연결시켜 화면을 보며 둘만의 대화에 깊이 빠져 있었다.

"이야, 이필구 감독 대단한데."

박신철 아저씨가 명함에서 이름을 다시 한 번 확인하며 필구를 칭찬하는 순간, 한슬이는 감정이 울컥 치밀었다.

'필구는 카메라맨에 불과하고, 진짜 감독은 바로 나란 말이에요!'

이렇게 외치고 싶은 생각이 목구멍까지 올라왔지만 간신히 참았다. 하지만 더 이상 그곳에 있을 마음이 없어 필구에게 조용히

어린이를 위한 **절제**

말했다.

"필구야, 나는 지금 먼저 가 봐야겠는데. 엄마가 빨리 오라고 하셨거든."

그러자 필구는 얄밉게도 아쉽다는 표정으로 웃으며 대답했다.

"그래? 그럼 할 수 없지. 내가 아저씨랑 다 알아서 준비할 테니까 맘 놓고 들어가."

박신철 아저씨도 어서 한슬이를 보내고 카메라 자랑을 계속하고 싶다는 듯 한슬이에게 악수만 한 번 청하더니 곧장 카메라 쪽으로 몸을 돌렸다.

'이필구, 내가 요즘 절제 공부 하느라 많이 참은 줄 알아라. 이걸 어떻게 복수해 주지!'

피시방을 나와 계단을 내려오는 한슬이의 발걸음이 부르르 떨리기까지 했다.

절제는 이웃의 마음을 돌보게 한다

혼자 모든 것을 하려는 욕심 때문에 같이 일하는 친구들의 마음을 헤아리지 못한 것이 부끄럽기까지 했다.

집에 돌아와 버릇처럼 컴퓨터를 켰을 때 한슬이는 또 한 번 심한 절망을 맛보았다. 절제 나침반의 바늘이 아래쪽으로 뚝 떨어져 있었던 것이다. 혹시 잘못된 게 아닌가 싶어 컴퓨터를 껐다가 다시 켜 보았지만 마찬가지였다. 그동안 조금씩 올라가서 이제는 거의 곧바로 서게 된 바늘이었다. 그런데 이제 다시 처음처럼 거의 누워 버린 것이었다.

알 수 없는 일이었다. 그날 한슬이는 군것질을 특별히 많이 하거나, 돈을 낭비하지도 않았다. 수업이 끝나자마자 박신철 아저씨의 피시방으로 갔기 때문에 시간을 허비하지도 않았다. 특별히 방종한 생활을 하지도 않았는데, 이렇게 절제 나침반의 성적이 엉망이 된 것이었다.

'오늘은 유난히 재수 없는 날이네.'

이렇게 생각하며 한슬이는 방바닥에 벌렁 누웠다. 바늘이 아래로 처져 있는 절제 나침반이 자리 잡은 바탕 화면은 쳐다보기도 싫었다.

그나저나 필구를 그냥 놔둘 수는 없었다. 저번에 구미진 아주머니 집에서 촬영할 때 필구는 카메라를 잡고 한슬이가 지시하면 '예, 감독님!' 하면서 고분고분 따르지 않았던가. 그런데 명함까지 새겨 와서 자기가 감독이라고 설쳐 대고 있으니, 어떻게 혼을 내주어야 한단 말인가?

다시 한 번 피시방에서 있었던 일들을 되새겨 보았다. 혼자서 가만가만 생각해 보니 괘씸하다는 생각이 점점 더 커졌다. 한슬이는 자리에서 벌떡 일어났다. 일단 이 기막히고 억울한 사정을 미연이에게 알려야겠다는 생각이 들었다.

마침 미연이는 집에 있었다. 미연이가 전화로 이야기하라고 했지만 한슬이는 그럴 수가 없었다.

"정말 중요한 일이야, 미연아. 우리 막강 UCC 팀에 배신자가 생겼다고."

굳이 미연이를 밖으로 불러내 떡볶이까지 사 주면서 한슬이는 필구의 만행을 낱낱이 까발렸다.

"응, 듣고 보니 네가 흥분할 만도 하네."

미연이가 맞장구를 쳐 주자 한슬이는 갑자기 가슴이 뜨거워지면서 와락 미연이를 부여잡고 울고 싶은 생각이 들기까지 했다.

"그렇지? 필구가 나쁜 놈이지?"

앞으로 달려드는 한슬이를 미연이가 양손으로 말리면서 차분히 말했다.

"그런데 필구가 왜 그랬을까?"

"글쎄 말이다, 감독 욕심에 정신이 돌았나?"

한슬이는 동지를 만난 기쁨에 맘껏 필구를 욕해 주고 싶었다.

"한슬아, 한번 차근차근 생각해 보자. 저번에 경찰서 촬영할 때는 누가 무슨 일을 했었지?"

그때는 첫 촬영이라서 역할을 정확히 나누지는 않았었다. 자연스럽게 카메라를 잡은 한슬이가 주로 촬영했고 필구는 이리저리 돌아다니며 들떠 있었다. 화면에 출연한 것은 물론 필구였다. 미연이는 특별한 역할 없이 한구석에서 수첩에 내내 무엇인가를 기록하고만 있었다.

"그리고 피아노 연주를 촬영하던 날은 어땠었지?"

미연이는 이미 알고 있는 정답으로 한슬이를 이끌기라도 하듯 또박또박 물었다. 그때는 미연이가 미리 그림 콘티와 함께 촬영 계획서를 준비해 온 덕분에 서로의 역할이 명확하게 정해져 있었다. 미연이는 출연, 한슬이는 감독, 그리고 필구는 카메라 담당이었다.

"한슬아, 그럼 이번 피시방 촬영할 때는 어떻게 할 생각이었니?"

"그야 전에 피아노 연주 촬영할 때랑 똑같은 거지. 내가 감독하고, 필구가 카메라 잡고 그러면 되는 거 아냐."

한슬이는 당연한 것을 물어본다는 듯 대답했다.

"그럼, 나는 뭘 하고."

순간 한슬이의 머릿속에 불이 확 들어왔다. 한슬이는 자신이 당연히 여긴 것에 문제가 있다는 것을 생각해 냈다. 이번 피시방 촬영에서는 한슬이가 출연자로 나올 것이므로, 당연히 감독이나 카메라는 다른 두 사람의 몫이 되어야 옳았다. 한슬이는 자신이 감독이라는 생각에 빠져 한 번도 그런 생각을 해 보지 않았던 것이었다. 출연은 출연이고, 감독도 당연히 자기가 해야 한다고 생각했던 것이다.

"아마 필구는 이번에는 자기가 감독을 하는 게 당연하다고 생각했을 거야. 저번에 피아노 연주 찍고 나서도, 다음에는 자기가 해 봤으면 좋겠다고 그랬었거든."

한슬이는 미연이의 설명을 들으면서 필구에게 화를 냈던 마음이 눈 녹듯이 사라졌다. 한슬이가 필구의 입장에 있어도 당연히 그렇게 생각했을 것이다. 혼자 모든 것을 하려는 욕심 때문에 같이 일하는 친구들의 마음을 헤아리지 못한 것이 부끄럽기까지 했다. 절제 나침반의 바늘이 뚝 떨어진 이유도 필경 그 때문일 것이라는 확신이 들었다. 스스로의 감정을 절제할 줄 아는 것이 절제 공부의 끝이라고 하지 않았던가?

"그러면 이제 어떻게 해야 하지?"

한슬이가 약간 주눅 든 목소리로 물었다.

"뭘 어떻게 해. 필구는 네가 화난 줄도 모를걸? 지금 한창 들떠서 촬영 콘티를 만들고 있을 거야. 자기가 감독이라고 믿고 있으니까. 같이 가서 그 일이나 도와주자."

과연 그랬다. 전화해 보니 필구는 명랑한 목소리로 받았다.

"한슬아, 지금 콘티 만들고 있는 중인데, 혼자 하려니까 좀 힘드네. 우리 집에 와서 같이하자. 감독 되는 것도 보통 일이 아닌데."

절제는 이웃의 마음을 돌보게 한다 169

필구와 통화하는 내용을 듣고 미연이가 그것 보라는 듯 웃었다. 한슬이는 문득 미연이가 자기보다 훨씬 어른스러운 누나처럼 느껴졌다.

잠시 후 필구네 집에 갔을 때, 필구는 정말 한슬이가 화났다는 사실을 전혀 눈치 채지 못했다. 아니, 한슬이가 자기와 다른 생각을 하고 있었다는 것 자체를 몰랐다. 한슬이는 필구가 모르고 지나가서 다행이라고 생각했다. 미연이도 필구 몰래 한슬이를 바라보고 코를 찡긋하며 그것 보라는 듯한 신호를 보냈다.

"네가 카메라맨이니까 최신 카메라 사용법을 들었어야 했는데, 먼저 가면 어떻게 하냐?"

필구는 오히려 한슬이가 피시방에서 먼저 나온 게 잘못이라는 듯 미연이에게 일러바쳤다.

"필구야, 이번에 나는 출연해야 하니까 카메라맨은 미연이가 맡는 게 좋을 것 같은데."

한슬이는 아까 미연이랑 이야기하며 생각해 두었던 것을 필구에게 말했다.

"어? 순서가 그렇게 되나?"

필구는 순간 당황한 표정이 되었다.

어린이를 위한 **절제**

절제는 이웃의 마음을 돌보게 한다 173

"너는 네가 감독 할 생각만 했지 다른 사람 생각은 하나도 안 했구나."

한슬이는 짐짓 필구를 꾸짖듯이 말했다.

"야, 역시 한슬이가 생각이 깊네. 난 당연히 한슬이가 카메라맨이라고 여겼는데, 가만 생각하니까 이번엔 미연이 차례가 맞네."

그러고는 곧바로 미연이에게 피시방에서 익혀 온 카메라 사용법을 알려 주었다.

이어 셋은 머리를 맞대고 콘티를 짜기 시작했다. 미연이가 만들어 온 것을 보았을 때는 별것 아닌 것처럼 보였는데 막상 만들려니 간단한 일이 아니었다. 다행히 한 번 경험한 미연이가 있었기 때문에 옳은 방법을 찾느라 헤매지는 않았다.

한 시간 이상을 티격태격한 끝에 마침내 그런대로 맘에 드는 콘티를 얻어 낼 수 있었다. 콘티를 만드는 과정에서 내일 촬영은 어떻게 해야 하고, 누가 무엇을 해야 하는지에 대한 서로의 역할이 저절로 정해졌다. 또한 촬영 순간순간을 정확히 머릿속에 그려 볼 수 있었다.

콘티를 복사해 나누어 갖고 친구들과 헤어져 집으로 돌아오면서 한슬이는 다음 날의 촬영에 대한 기대감으로 가슴이 뿌듯했다.

집에 와서 다시 절제 나침반을 확인해 보니, 아니나 다를까 다시 원래의 모습으로 돌아와 있었다. 안도의 숨이 나왔다. 친구들과 함께하면서 순간의 감정을 절제하는 것이 얼마나 소중한지를 깨달은 하루였다.

다음 날 피시방 촬영은 웃음이 끊이지 않는 분위기에서 물 흐르듯 진행되었다. 이필구 감독도 훌륭했고, 미연이 역시 처음 만져 보는 최신 카메라인데도 실수 없이 야무지게 잘 다루었다. 박신철 아저씨도 중간중간 많은 도움을 주었다.

"막강 UCC 팀 대단하구나. 당장 영화 한 편 만들어도 되겠는걸!"

촬영을 모두 마쳤을 때 박신철 아저씨는 엄지손가락을 치켜들며 칭찬을 아끼지 않았다. 그뿐만이 아니었다. 박신철 아저씨는 동영상을 편집할 때도 그 피시방의 '시네마 테이블'에 있는 장비를 마음껏 사용해도 좋다고 했다. 셋이 고급 컴퓨터를 하나씩 쓰면서 편집할 수 있는 꿈같은 환경이 마련된 것이었다.

"편집 빨리 마치고 나서 게임해도 되죠?"

필구의 질문에 모두들 크게 웃었다.

그래. 함께 힘을 합치고, 함께 이야기하고, 조금씩 양보하고, 참고, 서로 경쟁하면서도 돕고, 마침내는 모두 함께 기쁨을 나누는 것! 이렇게 살아야 하는 거야.

   마침내 '막강 UCC 팀'의 동영상이 완성되었다. 편집은 박신철 아저씨의 피시방에서 큰 사고 없이 쉽게 끝낼 수 있었다. 셋이 나란히 앉아 각자 맡은 부분을 편집하고 그것을 하나의 동영상으로 묶어 냈다.

   미연이가 공모전 접수 사이트에 들어가 '접수' 버튼을 눌렀다. 잠시 동안 길게 누워 있던 전송 안내 막대그래프가 사라지더니 벨 소리와 함께 '무사히 접수가 끝났습니다'라는 메시지가 뜨자 세 명은 깡충깡충 뛰면서 환호성을 질렀다.

그 모습을 본 박신철 아저씨가 테이블 위에 커다란 케이크를 불쑥 올려놓았다.

"시네마 피시방의 대표작이 탄생한 순간인데, 내가 한턱 안 낼 수 없지."

피시방에 있던 다른 손님들까지 모여서 케이크와 음료를 나누어 먹고 마셨다.

한슬이의 머릿속에 문득 지난번 공모전 예선의 접수 마감일이 떠올랐다. 그때 한슬이 곁에는 아무도 없었다. 자기 방에서 혼자 앉아 멈추어 버린 동영상 프로그램에 어쩔 줄 몰라 하지 않았던가? 도움을 청하려고 루시엘라를 찾아 헤매다가 자신이 루시엘라의 실습 대상이었다는 사실을 알아내고는 기절해 버리고 말았다. 그 후 병원 생활을 거쳐 다시 회복되기까지의 긴 시간이 필름처럼 스쳐 지나갔다.

필구와 미연이를 보았다. 고맙고 좋은 친구들의 얼굴이 그곳에 있었다. 박신철 아저씨의 얼굴도 보았다. 다른 사람과 즐거움을 함께 나누는 모습이 여유 있었다.

'그래. 함께 힘을 합치고, 함께 이야기하고, 조금씩 양보하고, 참고, 서로 경쟁하면서도 돕고, 마침내는 모두 함께 기쁨을 나누는 것! 이렇게 살아야 하는 거야.'

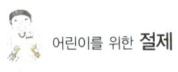 어린이를 위한 **절제**

한슬이는 이번 일을 통해 한결 성숙해진 스스로를 발견할 수 있었다.

접수하고 일주일이 지나 UCC 공모전 최종 결선 시상식이 벌어지는 어린이회관으로 향하는 한슬이의 마음은 의외로 담담했다. 최선을 다했으므로 결과가 아무래도 상관없다는 생각이 들었다.

"대상을 발표하겠습니다."

두구두구 둥, 둥! 둥! 둥! 북소리가 어린이회관 강당을 가득 메운 관객들의 긴장감을 고조시켰다.

"참가 번호 45번! 파랑초등학교 5학년 고미연, 박한슬, 이필구 어린이의 〈우리들의 꿈은?〉입니다."

우레와 같은 박수가 터져 나왔고, 너무 기쁜 나머지 한슬이의 눈앞이 새하얗게 변했다. 필구 역시 벌린 입을 다물지 못하는 표정으로 일어서려다 말고 엉거주춤 몸이 굳어 버렸다. 미연이만 환하게 웃으며 객석을 향해 인사했다.

"피아니스트, 영화감독 그리고 탐정이 장래 희망인 세 어린이가 내일의 꿈을 이루기 위해 오늘을 준비하는 모습을 재치 있게 그려 낸 작품입니다."

정신없이 무대 위에 올라가 트로피와 상품을 받고, 진짜 영화감독처럼 객석을 향해 두 팔을 높이 들어 올려 흔들었다. 부모님들은 물론이고 박신철 아저씨도 꽃다발을 들고 찾아와 자기 일처럼 기뻐해 주었다.

차분한 미연이가 세 사람을 대표해 인사말을 했다.

"UCC를 만드는 일은 생각보다 어려웠습니다. 하지만 무척 재미있었습니다. 그 과정에서 서로 다투기도 했지만 결국에는 서로 의논하고, 참고, 때로는 양보해야 큰 기쁨을 얻을 수 있다는 걸 배웠습니다. 세상은 혼자 사는 게 아니라는 것을 느꼈습니다. 이렇게 하루하루 알차게 자란다면 저희들의 꿈은 꼭 이루어질 것입니다."

다시 한 번 박수가 터져 나왔다.

조명이 꺼지고 수상작의 앙코르 상영이 있었다. 한슬이가 만든 부분이 제일 앞 순서였다. 캠코더를 야무지게 들고 있는 한슬이가 등장하면서 자막으로 이름이 소개되었다. 한슬이는 캠코더를 내려놓고 하늘을 바라보며 말했다.

"사람이 없다면 영화도 없습니다. 저는 모두가 함께 사는 세상을 보여 주는 영화감독이 되고 싶습니다."

한슬이가 바라보는 하늘에 박신철 아저씨의 초등학교 시절 흑

어린이를 위한 **절제**

백 사진이 펼쳐졌다. 자막으로 이름과 졸업한 연도 그리고 초등학교 시절의 장래 희망이 소개되었다. 그리고 잠시 후 흑백 사진은 피시방에서 편집용 컴퓨터 앞에 앉아 있는 어른이 된 박신철 아저씨의 모습으로 바뀌어 있었다. 아저씨는 웃으면서 말했다.

"때로는 흘려 버린 시간들이 후회됩니다. 살아가는 한순간 한순간이 모여 인생이 되는 것이니까요. 비록 영화감독은 되지 못했지만, 아직도 영화는 내 사랑입니다. 영화는 인생이니까요."

이어 한슬이와 박신철 아저씨가 함께 서 있는 모습 위로 자막이 지나갔다.

'이루지 못한 꿈도 소중합니다!'

여기까지가 한슬이가 나온 장면이었다. 그리고 미연이의 차례가 이어졌다. 피아노 음악이 흐르는 가운데 건반 위를 달리는 네 개의 손이 나왔다. 계속해서 미연이의 그림 콘티 그대로 깔끔하게 편집된 영상이 이어졌다.

끝으로, 필구가 나온 장면이었다. 셜록 홈스의 모자를 쓰고 뒷모습으로 서 있던 필구가 카메라를 향해 휙 돌아서더니 한 손으로 모자챙을 쥐고 말했다.

"제가 탐정이 되는 날, 이 땅에서 범인들이 숨을 곳은 없어질 겁니다."

역시 한종철 선배의 어린 시절 모습이 지나가고, 고등학교 앞에서 캠페인하는 모습과 함께 화면 위로 한종철 선배의 목소리가 흘러나왔다.

"저는 목표가 있었기에 참을 수 있었습니다. 그리고 그것이 오늘의 저를 만들었습니다."

끝 장면은 장난감 권총을 겨눈 필구를 경찰 정복 차림의 선배가 대견스레 바라보고 있는 모습이었다. 그 위로 마지막 자막이 흘렀다.

'오늘의 꿈은 내일의 우리를 만듭니다.'

여태까지 살아온 날 중에 가장 흥분되고 분주했던 하루를 보내고 한슬이는 집으로 돌아와 컴퓨터 앞에 앉았다.

상으로 받은 금메달을 모니터 위에 앉아 있는 루시엘라 인형의 목에 걸어 주었다. 메달은 조그만 루시엘라 인형의 온몸을 두르더니 모니터의 적당한 위치에서 늘어졌다. 그러고 나서 컴퓨터를 켰을 때 한슬이는 깜짝 놀랐다.

자동 실행되는 절제 나침반의 둥근 모양이 튀어나오리라 생각했는데, 요란한 음악과 함께 모니터 가득 폭죽이 터진 것이었다. 대단한 불꽃놀이였다. 불꽃 사이로 꽃송이들이 하나씩 피어오르

어린이를 위한 **절제**

더니 어느새 화면 가운데 화려한 꽃다발 모습으로 맺어졌다. 꽃다발을 감싼 리본에는 이렇게 적혀 있었다.
'축 절제 나침반 만점 졸업!'
또 다른 리본에는 더 놀라운 문구가 적혀 있었다.
'금메달 고마워. 축하해. 루시엘라!'
반짝이는 리본을 클릭하자 빨간 봉투가 떠올랐다. 거기에는 한슬이에게 보내는 루시엘라의 편지가 들어 있었다.

한슬아, 안녕.
정말 오랜만이다. 그렇지? 비록 만나지는 못했지만 네가 어떻게 지내고 있는지는 잘 알고 있어.
우선 절제 나침반을 만점 졸업한 것부터 축하한다. 쉽지 않은 일이었을 텐데 용케 잘했더라. 잔소리 같지만 말이 나온 김에 몇 마디 더 할게. 절제 나침반을 졸업한 것은 끝이 아니라 시작이야. 이제 어느 정도 스스로를 다스리는 요령을 알았으니까 혼자 목표를 세워 가면서 더욱 고급스러운 절제를 익혀 봐.

내가 사람을 나쁜 길로 유혹하는 흑마술을 배웠기 때문에 잘 아는데, 절제하지 않으면 진정한 행복을 느낄 수 없어.

게임을 할 때도 한 판만 더 하면 더 좋을 것 같지만 결과는 그렇지 않다는 것 너도 잘 알지? 즐거운 것만 찾다 보면 처음엔 짜릿했던 재미도 시간이 지나면 시들해지고, 더 좋은 것만 찾게 되는 거야. 욕망은 끝이 없지만, 절제된 생활은 작은 것으로도 기뻐할 수 있게 해 주는 거야. 알았지?

나는 너에게 이미 말한 대로 백마술 공부를 하고 있어. 이젠 어느 정도 익숙해져서 무척 재미있게 지내고 있어. 컴퓨터 실력도 많이 늘어서 이제는 세계 최고의 온라인 백마술 마녀를 미래의 내 모습으로 꿈꾸고 있어. 어때, 멋있지?

흑마술을 부르거나 백마술을 부르거나 하는 것은 결국 사람에게 달렸다는 걸 알았어.
너도 용돈이 많이 생기고, 엄마가 없어서 자유로워지니까 '뭐 신나는 일이 없을까?' 이렇게 생각했었지? 그 생각이 유혹을 불러들이는 거야. 마치 몸이 약해졌을 때 감기에 걸리는 것처럼 말이야. 한순간 절제하는 것, 한 번 참는 것.
그걸 못하면 흑마술에 빠지는 거야.
반대로 스스로 참고 노력하는 사람에게는 백마술의 도움의

 어린이를 위한 **절제**

손길이 찾아오는 거야. 적당할 때 스스로 멈추는 힘! 절대 잊지 마. 넌 다행인 줄 알아야 해. 나처럼 착한 작은 마녀를 만났다는 것에 대해서 말이야.

한슬아.
넌 참 맑고 순수한 아이야. 마음이 좀 여린 게 흠인데, 절제만 익히면 아무 문제 없을 거야. 아쉽게도 이제는 너를 이렇게 따로 찾아올 수가 없어. 내일부터는 더 이상 작은 마녀가 아니거든. 중간 마녀부터는 사람을 직접 만나는 게 금지되어 있어. 하지만 열심히 살다 보면 어디선가 꼭 만나게 될 거야. 세상은 신비하고 인생은 비밀로 가득 찬 주머니잖아.
안녕!

마지막 작은 마녀의 날에 루시엘라가.

펑! 펑!
창밖에서 폭죽 소리가 났다.
베란다로 나가서 밖을 보니 오늘이 무슨 경축일인지 불꽃놀이를 하고 있었다. 큰 불꽃 하나가 하늘에서 화려하게 피어나더니 이내 수많은 작은 불꽃으로 눈부시게 부서졌다. 그 속에 루시엘라의 웃는 얼굴이 나타났다. 손을 흔드는 루시엘라의 모습은 불꽃과 함께 이내 사라졌다.

안녕, 루시엘라!

안녕, 작은 마녀!

또 한 송이의 불꽃이 밤하늘을 화려하게 수놓았다. 이번에는 필구와 미연이의 얼굴이 보였다. 한슬이 자신의 모습도 얼핏 보였다.

안녕, 철없던 나날들.

안녕, 새로운 내일들.

한슬이는 또 한 번 자신이 성큼 자랐다고 느꼈다.

내 블로그 | 이웃 블로그 | 모두의 블로그 | 바로가기   LogOut

루시엘라의 블로그

tags | guest

prologue | biog N | photolog

http//www.luciella.co.kr

한슬이의 절제 생활을 보는 것이 요즘 나의 즐거움이다. 역시 나한테는 흑마술보다는 백마술이 어울려! 한슬이가 절제 나침반을 졸업하는 날 무엇을 선물해 줄까? 하루 종일 그 생각만 한다. 나도 절제가 필요해!

 루시엘라(luciella)

프로필 ▶ 쪽지 ▶ 친구추가 ▶

한슬이가 오락실 가는 시간을 아까워하다니! 시간절제 성공!

자기 마음을 절제하니까 다른 사람 마음이 보이기 시작하지? 감정절제 성공!

한슬아, UCC 완성 축하해. 넌 언젠가 멋진 영화감독이 될 거야.

덧글 32개 N | 엮인글 쓰기

1 | 2 | 3 | 4 | 5 | 6 | 7 | 8 | 9 | 10 | 다음 ▶

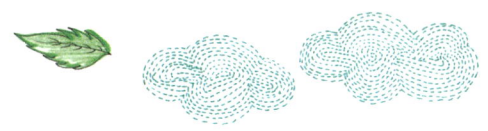

| 작가의 글 |

오늘의 꿈은 내일의 여러분을 만듭니다

　글을 쓰는 내내 초등학교 3학년 때 보물처럼 아끼던 크레용이 떠올랐습니다.

　선물로 받은 그 크레용은 보통의 크레파스처럼 부드럽지는 않았지만, 노란 뚜껑을 열면 나란히 누워 유난히 반짝이는 한 자루 한 자루가 보석 같았습니다. 열두 가지 색깔이 저마다 예뻐서 넋을 잃고 번갈아 바라보곤 했었지요.

　어린이는 예쁜 크레용과 같아야 한다고 생각합니다.

　한 가지 색 크레용만 가득했다면 그토록 보기 좋았을까요? 여러 가지 색깔이 나란히 있었기에 아름다웠던 것입니다.

　이 책을 읽는 어린이들은 지금보다 훨씬 다양해질 미래 세계의 주인이 될 것입니다. 전 세계가 이웃처럼 가까워질 것이고, 지금

은 떠올릴 수 없는 새로운 직업도 수없이 생겨날 것입니다. 할 일도 많아지고, 더불어 유혹도 다양해질 것입니다. 이러한 미래 세상의 주인공이 되기 위해서는 몸과 마음에 여러 가지 영양분을 골고루 섭취하며 자라나야 합니다. 마치 어린 시절 보물로 간직하던 크레용이나 무지개처럼 말입니다.

어린이에게 가장 소중한 것은 꿈입니다.

그리고 그 꿈을 이루기 위해서는 절제가 필요하다고 생각했습니다. 절제를 통해 몸과 마음을 고르게 키워 갈 때 꿈은 조금씩 자기에게 다가오는 것입니다.

절제는 무조건 참는 것이나, 하지 않는 것과는 다릅니다.

'이만하면 적당하다.'

스스로 이렇게 생각하고 멈추는 힘. 그것이 바로 절제입니다.

이 책을 통해 미래와 희망, 그리고 그 꿈을 이루기 위한 절제, 이런 것들을 한번 생각해 보기를 바랍니다. 그리고 스스로 작은 실천을 다짐해 보는 기회가 되었으면 좋겠습니다.

지은이 황의성

어린이 자기계발동화 10
어린이를 위한 절제

초판 1쇄 발행 2008년 4월 25일 **초판 24쇄 발행** 2021년 1월 25일

글 황의성 **그림** 양은아

펴낸이 연준혁 **출판부문장** 이승현 **편집 3본부 본부장** 최순영
편집 5부서 부서장 김문주 **편집** 구성희 **디자인** 전성연

펴낸곳 ㈜위즈덤하우스 **출판등록** 2000년 5월 23일 제13-1071호
제조국 대한민국 **주소** 경기도 고양시 일산동구 정발산로 43-20 센트럴프라자 6층
전화 031)936-4000 **팩스** 031)903-3893 **홈페이지** www.wisdomhouse.co.kr

ⓒ황의성, 2008
ISBN 978-89-6086-104-6 74800
ISBN 978-89-6086-081-0 (세트)

- 이 책의 전부 또는 일부 내용을 재사용하려면 반드시 사전에 저작권자와 ㈜위즈덤하우스의 동의를 받아야 합니다.
- 인쇄·제작 및 유통상의 파본 도서는 구입하신 서점에서 바꿔드립니다.
- 책값은 뒤표지에 있습니다.
- 이 책의 사용 연령은 8~13세입니다.
- 스콜라는 ㈜위즈덤하우스의 아동·청소년 브랜드입니다.